JN410289

한기정 퓨전수필

사람을 말하다

울 것 같은 그녀와

소소리

울것같은그녀와

한기정 퓨전수필

1판 1쇄 인쇄/ 2015년 8월 26일
1판 1쇄 발행/ 2015년 8월 31일

지은이 / 한 기 정
펴낸이 / 우 희 정
펴낸곳 / 도서출판 소소리

등록 / 제300-2007-21호
주소 110-521 서울 종로구 혜화로35, 302-1호
(경주이씨 중앙회빌딩)
전화 / 765-5663, 010-4265-5663
e-mail: sosori39@hanmail.net
www.sosori.net

값 10,000 원

*잘못된 책은 바꿔드립니다.

ISBN 979-11-5891-000-6 03810

울것같은그녀와

한기정 퓨전수필

사람을 말하다

스스로 기특함과 기대, 두려운 마음으로

치열함은 잦아들고
새살이 돋으려는 것 같다.
숨도 조금쯤 편안해지고
한걸음 나아가
젊은 나와 화해하려는
꿈틀거림의 조짐도 보인다.
넘어서야할 경계가 저만치 있다.
관심의 대상인 '나의 속내'를 떠나는 소리도 들린다.

안도와
새로 열릴 글세상에 대한 두려움이 공존하는 시점에서
글들을 정리했다.
여기 있기까지

내 지난 시간들과
기질과
가족과
가족의 관심과 갈등과
내 자유로움에 대한 집요함과
오랜 벗과의 우정과
글벗들과의 교류와
글선생님이 던지는 영감 중
어느 것 하나도 무의미한 것이 없다.
고통은 고통대로 아름다움은 아름다움대로.

즈음
크고 작은 꿈이 허용되는 여러 상황들로
삶의 절정감을 맛보고 있다.

드문 일이다.
즐기되 넘치지는 않으려 나 자신을 노려보곤 한다.

글들 중 어느 한 편이라도
누군가에게 공감되고 위안이 된다면
더한 행복은 없겠다.
행여 내 글을 계기로
누군가 명상에 들었다면
축복이겠고.

접하는 면의 크고 작음
접하는 시간의 많고 적음을 떠나
내 주변의 모든 분들께 감사드린다.

2015년 유난히 찬란한 봄

이수역 저잣거리에서 **임 곡**

뽀뽀가 아닌 키스를 하고

위로를 마중물 삼아

깊은 잠에 빠져

치익! 작은 기차는

우연히 다가왔을 뿐

뽀뽀가 아닌 키스를 하고

봄은 비바체*로

박쥐같이 겨울을 보내고 나면
특별할 것도 없이 매년 들르는 봄인데도
오래 못 본 연인을 기다리듯 턱에서 서성인다.
손가락도 꼽아보고
성급 했나 되돌아서기도 하고
두터운 잠바도 다시 꺼내 입으며 성말라하지만
희망을 버리지는 않는다.
드디어 볕은 두터워지고
사람들의 몸짓은 가벼워지고
가게 앞에는 자잘한 물건들이 나앉는 때가 온다.
미세먼지 주의보가 내려도
남산으로 명동으로 시청으로 산책을 나가고

재즈와 블루스와 스윙을 새롭게 들어야지.
젖가슴 밑 통증은 수시로 이 순간을 즐기라고 이르니
살아있는 것이 아름답기 시작
이러다 죽기 서러우면 어쩌나.

*비바체vivace: 빠르고 경쾌하게. 음악의 빠르기를 나타내는 용어.

난

죽은 듯 살아있는
난초는 고자인가
몇 년 째
꽃을 내지 못한다.

앓는 것을 알아야
사는
맛을 아는데
저 놈은
생각도 없이
추워도 흥~~~
더워도 흥~~~
도무지 열정을 모른다.

한여사

병원에서 만난 한여사는 광주 근교 시골에서 사남매 중 막내로 태어났다. 별로 귀하게 여김을 받지도 않았고 학교공부도 많이 하지 못했다. 어린 나이에 일곱 살 많은 신랑과 연을 맺어 사남 일녀를 두었다. 허드렛일로 생업을 삼았지만 술 좋아하고 사람 좋은 남편과 무난히 지냈다. 십사년 전 남편을 앞세우고 내도록 혼자 살다가 건강에 적신호가 켜지자 딸네로 거처를 옮겼다.

앉아서 누구의 시중을 기다리는 성질도 아니지만 혼자 살림을 꾸리는 딸이 안쓰러워 딸의 안살림을 열심히 돕는다. 손 움직이는 것을 게을리 하지 않는다. 평생을 그렇게 살았다. 이제는 허리 구부리는 일이 힘들어 청소는 하지 못하고 다 된 세탁물을 꺼내기 위해 효자손을 활용할망정 먹는 것을 마련하는 것과 손녀 거두는 일은 자신의 몫으로 여긴다. 쉴 틈이 없다고 한탄할 생각도 없이 그저 부지런히 움직인다. 버릇처럼 운명처럼 군소리를 않는다.

입원한 시어머니 코앞에서 친정엄마도 아닌데 뭐 하러 돌보느냐고 막내며느리가 들까분다. 형편을 모르는 나는 딸이 농담하는 줄 알고, 들르는 며느리들이 모두 딸인가 싶어 딸이 많아 좋겠다고 한다. 사위도 딸도 모두 엄마라 불러 그 집 사위들이 살갑구나, 했더니 아들들이다. 며느리들이 엄마라 부르는 것이다.

그녀는 침상에 걸터앉아 남의 일인 양 심드렁하니 말한다.

내 평생 감기 한 번 안 걸렸다오. 그런데 갑작스레 병들이 몰려 와 감마나이프 수술도 하고 척추에서 뭔가도 떼어내고 폐에도 뭔가 또 있다네요. 오늘은 장에서 종양을 떼었다오. 저번엔 조직을 검사하니 암이라나 뭐라나. 의사가 해야 한다고 해서 하긴 했지만 더는 몸에 손대고 싶지 않으오.

내 나이 일흔일곱인데 삼년만 더 살면 팔십 아니오. 그것이면 됐지.

묘도 필요 없소. 내 자식이나 들를까 누가 그리 들를 거라고 아이들 번거롭고, 보살피지 않으면 묘소는 흉물스럽게 되지요. 그건 남새스러운 일이라오. 아이들 욕 먹이는 일이기도 하고요.

그런 것을 뭐 하러 남기겠소.

투박한 엄마는 코를 골며 잠에 들고 딸은 어둠 속에서 흐느끼며 늦도록 뒤척인다.

아밀라제 수치

통제할 여유도 없이 순식간에 뱃속을 태우는 분노로 아밀라제* 수치는 오천을 넘고 질식할 듯한 통증이 왔다.

보름간의 입원 중 마음의 안정이 깨지면 영락없이 아밀라제 수치가 치솟고 편안해지면 극적으로 그 수치가 떨어지는 이해하기 어려운 상황이 벌어진다.

사는 방법을 달리해야겠다며 다독인다.

삶의 무게중심을 타인에게서 내게로 옮기는 계기를 삼아야겠다고 결심한다.

다른 사람의 안타까운 형편으로 애태우는 일도 접고

어떻게 하면 도울까 궁리하며 걱정하는 일도 흘려버리고

그리움도 키우지 않고
내 걱정없이도 모든 사람들이 잘 살아간다는 것을 믿고
세상을 끌어안을 것 같은 망상을 떨치고
하기 싫어도 '당위'라면서 견디는 것도 그만하고
내가 조금 불편하면 다른 사람이 편한데… 하는 생각도 끊고
내가 원하는 것이 무엇인지, 만 생각하려고 한다.

생존전략이기는 하지만 위험한 전략이다.
괴물이 되는 길이기도 하기에.

*아밀라제amylase: 녹말을 당(糖)화하는 효소. 아밀라제가 주로 분비되는 기관은 침샘과 췌장(이자)이다. 아밀라제 수치의 정상범위는 100-150U/dl 정도. 아밀라제는 담석, 외부요인에 의한 췌장 손상, 췌장의 가성낭종, 췌장종양, 침샘염증, 만성신부전 등에서도 수치가 상승될 수 있다. (위키피디아)

이별의 때

최백호*는 차라리 겨울에 떠나라고 권하지만
이별의 때가 따로 있나
적절치 않은 때가 없고
적절한 때 또한 없으니

바람이 휘파람을 불어도
태양이 E컵 여인처럼 의기양양해도
개운하게 눈을 뜬 아침에도
들뜬 여행 뒤에도
떠나려면 떠나는 거지

맨발로 서두르기도 하고

구슬픈 영화의 주인공인 양 분위기가 앞서 오기도 하지만
대부분 예고 같은 것이 있을 리 만무하고
조짐을 비웃기라도 하듯
이별은 때를 모른다

떠나는 사람은 언제든 짐을 챙기고
누구는 남아
등을 지켜보기 마련이다

그저 마음 내킬 때 떠나라.

*최백호: 대한민국 작곡가이며 가수

(현대수필 2015년 가을호)

호흡 - 기억

사람은
살에 호흡을 더하고
의식이 스며들어 이루어진다.
호흡하므로
이산화탄소를 배출해 지구를 식물에게 돌려주고
의식을 깨워
말을 쏟아내므로
타인의 삶을 두드리며 관계를 만든다.
그리고 존재한다.

호흡이 끊긴다 해도 조용해지는 것은 아니다.
산 자가 위로받고 되새김질하기 위해

비통한 그리움으로 붙잡는다.
끊긴 호흡만이 가질 수 있는 의미를 찾아내는 것은
기억하는 자의 취향이다.
무덤에서 살아나와
미화되고
회자되고
죽었다는 이유로 모욕을 피하며 왜곡 부활된다.
그러나
누군가에게서는
망각의 심연으로 처박히는 수모를 당한다.

호흡은 보편적이지만 기억은 선별적이다.

공회전

사택에 산다. 거주 특성은, 신분이 노출되어 있고 남편의 궤적과 아내의 궤적이 완전히 겹치지도 분리되지도 않는다는 것이다.

그래서 서로 조심을 한다. 예의를 지켜 갈등이 발생하지 않게 하려 노력한다.

캠퍼스 안에 깊숙이 들어앉은 아파트는 40년이 넘은 낡은 건물이지만 숲이 우거지고 새들이 지저귀는 곳이다. 스치는 잎새들이 속삭이는 소리 외에 귀에서 울리는 소리가 들릴 만큼 조용하고 차분하다.

어디선가 자동차가 시동을 건다.

5분, 10분, 15분.

떠나는 기색이 없다.

두리번두리번.

지구가 더러워질 텐데… 염려를 한다.

문제의 자동차를 발견.

망설이다 다가가 조심스레 노크.

서로를 훤히 아는 생활권에서 지적하는 일이 어디 쉬운가.

공회전 안하시면 안 될까요.

시끄러우세요.

알아서 하겠지, 싫어 답은 않고 배시시 웃으며 돌아선다.

잠시 후 조용.

뒤따라온 젊은 교수가 하는 말.

저 여기 교숩니다.

네, 알고 있습니다.

교수면 공회전을 해도 되고 직원이면 공회전을 하지 않아야한다고 생각하는 것일까.

민망해서 그냥 한 말일까.

꿈

숙희에게 삼부짜리 다이아몬드 반지를 준 적이 있는데
나는
변심해
돌려 달라고 조른다.
빼앗기지 않으려는
숙희를 따라 다니며
다시 손에 넣을 기회를 호시탐탐 노리는데
차도 타고 배도 타며 종횡무진
도망하고
쫓고
결국
되찾고

숙희는 낙담하고.

숙희의 남편은 말한다.

전혀 섭섭한 마음 없으니 걱정 마세요, 애초에 받은 것이 잘못된 것이니까요.

느티나무 사랑

연지는 매일 사과 한 알을 가지고 학교에 온다.

오전 수업 내내 바지에 문질러 빛을 낸다. 수업내용에는 관심도 없고 오로지 사과 빛내기에 매진한다. 오전 수업이 끝날 무렵이면 어떠한 사과도 빛을 발한다. 그림 속 정물처럼 아름답다.

선생님이 달라고 해도 사과만 만지면 혼낸다고 해도 들은 척하지 않는다. 사과의 빛내기 프로젝트는 연지의 절대 영역 안에 있다. 어떠한 변수도 접근금지다.

급히 점심을 먹고 연지는 운동장 한 가운데 서 있는 느티나무가에 가 앉는다. 다른 누구와도 교류하는 법 없이 다소곳이 영철이를 기다린다.

연지와 영철이는 지적장애 청소년이다.

어눌한 구석이 있지만 그들은 상대에게 지극정성이다. 오매불망(寤寐不忘) 민들레다. 연지에게는 영철이가, 영철이에게는 연지가 전부이고 최고다. 그 외의 것은 생각조차 해 본 것 같지 않다.

둘이 데이트를 할 때는 오로지 눈을 마주치고 속삭이느라 주변 사람들은 투명인간 양이다.

반짝이는 사과를 둘로 갈라 나눠 먹으며 이야기가 끝이 없다.

뭐라 속삭이고 키득키득 웃고 옆구리를 툭툭 건드리고 동시에 까르르 웃음을 터뜨린다. 무엇이 그토록 재미있는지 무엇을 함께 느끼는지 알 수 없지만 수업 종이 칠 때까지 이야기는 그치지 않는다.

오후 수업을 마치고 귀가길 버스 정류장까지 걸으며 또 즐겁다. 내일을 기약하고 아쉽게 헤어진다. 내일을 의심하지도 않고 다른 사람을 곁눈질하지도 않는다.

다음 날 연지는 또 한 알의 사과를 들고 등교한다. 똑같은 날의 연속이다. 지루하지도 낡지도 않는다.

그네들에게도 갈등이 있는지 있다면 어떻게 처리하는지 알 수 없지만 넘치지도 마르지도 않는다. 영원처럼 '지금'에 있다.

그림 같은 사랑의 속삭임은 매일 한 알의 사과와 느티나무 가에서 자란다.

(월간 한울문학 2015년 1월호)

비 데

안 쓰고 55년
쓰면서 8년
어쩌다 일보고 물로 행구지 않는 날이면
종일 똥꼬가 간질간질.

어이없다
어째 이리도 간사하냐
언제부터 썼다고.

섹스를 하는 이유

지고지순한 사랑으로, 상대에게서 흠뻑 매력의 세례를 받고서만이 침대에 든다면 세상에 일어나는 우여곡절의 90%는 사라진다. 부부라고 인정받은 남녀만이 성적 관계를 맺는다면 세상은 밋밋해지고 드라마 소재는 품귀해진다. 법정도 고요해진다.

섹스를 하는 이유는 수만 가지도 넘는다.

우리는 섹스의 으뜸 이유가 '사랑해서'이기를 꿈꾸지만 애석하게도 그 꿈은 환상이다.

섹스는 내 이기심, 내 즐거움, 내 이익에 기초한다.

우리는,
상처주기 위해
영역표시의 의미로

지배하기 위해서
쾌락을 위해
슬픔을 잊으려고
내 흥에 겨워서
거절할 수 없어서
잘해 보려고
두려워서
아무 생각없이
전략으로
장난으로
의무감으로
숙면을 위해
어쩌다 기회가 주어져서
상대를 즐겁게 하려고
돈이 필요해서
복수하려고
호기심에
정신이 없어서
남 따라서
실수로

즐거워서
목적을 이룰 수단으로
기념으로
이별을 위해
어쩔 수 없어서
죽이는 것과 같은 마음으로
슬퍼서
모두 버리는 기분으로
자신을 벌하기 위해서
과시하려고
아이를 가지려고
절망해서
위로하고 위로받기 위해서
심심해서
건성건성 습관적으로
·
·
·
섹스를 한다.

섹스로 인해 인류가 보존되고 사연이 만발한다.

천하잡놈(天下雜놈)

남자는 결혼식 후 혼인신고를 하지 않는다. 애초에 얽힐 일이 아닌데 이렇게 되었다. 엄마가 여자를 좋아해 일이 복잡해졌다. 여자의 집에서 살지만 봉급은 한 푼도 가져다주지 않는다. 손해 보는 짓은 하지 않을 참이다. 언제든지 기회가 되면 떠날 테니까. 가능하면 집에 들어가지 않는다. 다른 여자들을 만난다. 마음은 총각이니까. 헤어질 구실도 만들어야하고.

여자가 임신을 한다.

남자는 심히 놀란다. 발목 잡힐 일이 벌어진 것이다. 다급해진다. 아이를 지우라고 한다.

여자는 확답을 하지 않는다.

남자는 몹시 불안하다. 엄마가 알면 이제는 다른 변명을 하기도 어렵다. 오래전 유부녀와의 간통사건으로 감옥살이까지 한 아들이 이제야 발이 묶이리라 반길 것이다.

여자가 낙태했다는 말을 듣고 남자는 내심 크게 안도한다.

계속 같이 살 마음은 전혀 없지만 나쁜 놈이라는 소리는 듣고 싶지 않다. 섬세한 처신이 필요하다.

표정관리를 위해 운다. 최대한 선한 자의 몸짓으로 그런 무책임한 말을 한 것은 자신이 아니라는 듯 아기를 잃은 순정소설 속 아빠 역을 연기한다. 안도의 눈물은 양념이다.

여자는 말없이 돌아선다.

남자는 히죽 웃는다.

우리의 운명

궁극,
필연적으로
삶은 비극으로 마무리된다.

예외없이
우리 생의 끝자락에는
죽음의 신이 아가리를 딱, 벌리고 입맛을 다시며 기다리기에 그러하다.

단지
그러하기 때문이 아니라
미지의 세계인 죽음을 피하고저 하는 본능적인 욕구에서 갈등

이 고조되고
결국 원하지 않는 것을 강요당하기에 이르는데
이것이 비극이 아니고 무엇인가.

어떠한 미사여구(美辭麗句)도 위안이 될 수는 없고
해석이 다를 뿐이다.

아름다운 것들

해질 녘 성급히 나선 하얀 조각달
넘어가는 해가 하늘에 뿌리는 보랏빛
언덕에서 내려다보이는 도시의 불빛
소음 15dB 이하의 과학원 아파트
비오는 날의 현충원
공항의 설레임
어둔 밤 파랗게 불 밝히고 달리는 철교 위의 기차
이른 봄 창밖의 두런거리는 말소리
메마른 땅에서도 돋는 새싹들
바람 부는 날 나무끼리 부딪는 파도소리
뒤뚱거리는 아기 엉덩이
자식을 정성스레 돌보는 어린 엄마

엄마와 아버지가 함께 나누는 장난짓과 웃음소리
낡은 책에서 나는 곰팡내
아침, 부엌에 가득 차는 빵 굽는 내음
시 같은 가사와 어울리는 운율로 영혼을 토하는 노래
부모에게서 버려진 아이가 지키는 선한 마음
하굣길 쏟아지는 학생들의 왁자함
저녁장사를 준비하는 포장마차 아주머니의 분주함
가슴이 먹먹하도록 그리운 사람
아침에 눈을 떴을 때 망설임 없이 할 수 있는 일
·
·
·

최후의 만찬처럼

호되게 앓고 난 후 느닷없이 남편은
이번 12월 2일 저녁 먹을까? 한다.
왜?
우리 만난 지 30년 되는 날이잖아. 당신 그때 몇 살이었지?
서른셋.
참… 어렸네.

평상시 같으면
싫어, 단품이 좋아. 간편한 거, 했을 텐데
레스토랑의 가장 비싼 코스를 제안하는 남편에게 선선히
오케이!
그에 못지않은 와인도

오케이!
택시 귀가도
오케이!

뽀뽀가 아닌 키스를 하고
침대놀이를 일 라운드 이 라운드 뛰고
깔깔거리고
깨벗고
팔베개를 하고 잠이 든다.

훗날 웃으며 읽을
혹은
그때 그 일들이 빠른 이별의 조짐이었구나, 할
기록으로 남긴다.

(문학시대 2015년 가을호)

바람부는 날

꽃비는 안개처럼 쏟아지고
나무들은 소매를 스~ 스~ 저으며 넘실댄다.
마음이 일상으로 내달아 부산하면서도
서울일 수 없는 홍릉에서 잠시 머물렀던 시간들이
그리울 거야.
그리움을 미리 알면
그리움이 아니지만
떠나지도 않았는데
벌써 그립다.

먹 물

아무리 지껄여도
삶의 본질에는
발끝도 담그지 못한다.
삶은 피와 살이고
지껄임은 옷일 뿐이다.

삶의 현장에서
뒹구는 이들에게
글 쓴다고
콧대 세울 일 없다.

억지로 몸을 굴린다고

뭐가 달라지나
문지방이 닳도록 술집을 드나든다고
진실과 만나나
술맛이나 알지
아무 여자하고나 뒹군다고
콤플렉스가 사라지나
인격에 흠집이나 생기지.

들여다봐야지
벌어지는 크고 작은 일들의 바탕이 무엇인지
눈여겨봐야지
그리고 맛을 봐야지
뜨거운 맛 쓴 맛을 봐야지
눈물도 삼켜 봐야지.

아무리
혀를 놀려도
삶의 발뒤꿈치에는 닿지 못한다.

잃어버린 11월

몇십년 만에 왔다는
윤구월의 가을
친구는 아버지 산소를 이장한다하고
나는 즐길 채비를 하지만
그만
병실에 갇히고 만다.

늘어지는 닫힌 시간에
아쉬움과 초조함이 스며들어
태양빛에 바래는 아스팔트가 그립다.
무심히 지나치는 군중 속에서
자유롭게 존재하는 기쁨과

소소한 일상을 해결하기 위한 종종걸음의 탄력에
다시 노출될 시간을 헤아린다.

내가 존재하지 않는 세상은
여전히 휘돌아갈 테고
그나마 몇몇 이들에게는 추억으로 남을 호사를 누린다 해도
그것마저 열어지는 것이 자연의 속성이다.
아주 제한된 누군가에게는
갑작스러운 나의 퇴장이
상처로 남을 수도 있겠지만
그것 역시 딱지가 앉고 치유가 될 터
어쩌다 불현듯 생각나기도 하겠지만
흘려버리라.
그것에 매이지 못하는 것이 삶이다.
물처럼 흐르기 때문이다.
날려 보낼 것은 날려 보내는 것이
건강한 것이고
옳은 것.

사실들은 잊고

석영 같은 추억의 몇 편린들만
장식처럼
머리카락 끝에
쇄골 밑에
한쪽 엉덩이에
박아두면 된다.
한가한 때에
반은 기쁨으로
반은 그리움으로 꺼내볼 수 있으면 된다.

병실 창문의 쪽 풍경에도
핏빛 잎새들은 흩뿌리고
아주 느린 몸짓으로 멈칫거리는
긴 가을빛의 11월
병실에 갇혀
통증과 마음을 다스리며
계절을 낭비한다.

마른 꽃

장미 열 송이를 선물 받았다.

이유는, 그냥.

그 '그냥' 속에는 여러 의미가 있으리라. 애처로움, 기특함, 공감 뭐 그런 것들.

받아들고 돌아서는데 콧날이 시큰했다.

이유는, 남모르는 서글픔.

설탕과 얼음을 채운 꽃병에 꽂는다. 여름이니 며칠이나 가겠나. 곧 고개를 꺾겠지. 안타깝다. 항상 절화는 애처롭다. 이미 죽었는데 아닌 척 타인을 즐겁게 하니.

며칠 싱싱한 녀석을 보며 즐겼다. 아직 고개가 빳빳하고 꽃잎이 활짝 벌어지기 전에 말리기로 한다. 거꾸로 세워 집게로 집어 빨래걸이에 건다. 하루 이틀 지나자 몸의 물기는 날아가고 꽃잎은 조금 작아지고 색이 짙어지고 꽃대는 줄기섬유를 내보이며 가늘어진다. 장미는 도도하게 꼿꼿하다. 남에게 보이기 위한 도도함이 아니라 스스로 자존을 세우는 중이다. 이제는 변할 것이 별로 없다.

선물한 선배는 마른 꽃을 보면 자신을 보는 것 같아 싫다지만 그 매력은 싱싱함이 가질 수 없는 깊이에 있다.

퇴락한 유럽의 성들을 보는 맛이랄까. 낡았기에 더욱 깊은 이야기를 뿜는 그 속에 재기발랄은 없지만 흉내 내기 어려운 내공이 있다.

생기를 끌어내려 억지 부리는 입가의 미소는 물리고 그대로 영원할 것 같은 자태로 자리를 지킨다.

뻔한 이야기

프랭크 보먼*은 달에 가보니 지구는 아름다운 작은 원반에 지나지 않아 그곳에서 싸움과 기근 같은 심각한 일이 일어나리라 믿기 어렵다 했다.

달까지 갈 것이 뭐 있나.

북악산만 올라도 눈 아래 펼쳐진 세련된 서울에서 저녁 뉴스 시간을 가득 채우고도 모자라 아침신문을 도배하는 사건사고가 쉴 새 없이 벌어지리라 여겨지나.

땀 흘리며 산에 가지 않아도 된다.

지하철을 타고 건너는 한강은 어떤가. 갓 잡아 올린 갈치비늘처럼 반짝이고 나무들 사잇길로 소리를 죽인 채 춤추듯 흐르는 자동차 물결에서 우스꽝스러운 일들이 연상되던가.

밤은 어떠한가.

온갖 색으로 치장한 서울의 빌딩들과 불빛으로 찰랑이는 강물은 찬탄으로 한숨을 뱉게 하고 전율을 선사하지 않는가. 그 아름다움 속에서 피비린내 나는 골목길 살인이나 힘겨루기에서 밀려나 선택할 수밖에 없는 자살을 읽을 수 있던가.

그가 무한히 순진했나 그 시대가 순수했나.
보면의 말에 헛웃음을 던진다.

*프랭크 보먼: 미국의 우주비행사

위로를 마중물 삼아

봄이 오려나 봅니다

늦은 오후
강의를 끝내고 나서는데 포근한 공기가 뺨을 스치네요.
아직 캠퍼스 곳곳엔 눈 무더기들이 옹기종기 모여 있으니
겨울은 돌아서기 아쉬운가 봅니다.

시간은 무정하게 흐릅니다.
그래야죠.
세상 어딘가에는 흔들림 없는 것도 있어야지요.

이별을 해야 할 시간,
내키지 않아도 만날 날을 기약합시다.

(현대수필 2014년 봄호)

성급한 여름

밀당*하는 연인처럼
애 말리며 와야
맛이 나는 법인데
뻔뻔한 첩실처럼
겨울이 갔나… 싶은
어느 날 아침
안방에 들어와 앉아있다.

*밀당: 밀고 당긴다는 속어

아, 살아있구나

서둘러 걸으니
이마에 땀이 배고
숨이 가쁘다.
스키니 진 속에서 넓적다리 근육이 움직이고
셔츠 밑 젖가슴이 출렁인다.

아, 싱싱하게 살아있구나.

(2014년 청색시대 '20')

나만의 피정*

배 속 깊은 곳에 있던 앙금이 먼지를 일으키며 곤두서 목구멍을 치받을 때
여우처럼 감추었던 상처들이 누군가에 의해 헤집어질 때
내 삶을 이해할 수 없을 때면
먹먹한 무성(無聲)의 세계에서
햇살 바른 담벼락에 기대 앉아
순간이 영원처럼 지속될 듯
멈춘 시간을 흘려보내는
그림을 그린다.

*피정: 피세정념(避世正念)의 준말로 일상생활에서 벗어나 성당이나 수도원 같은 곳에 가서 묵상이나 기도를 통하여 조용히 자신을 살피는 일

엄마가 외로운 것은

단지 홀로이기 때문이 아니라
추억할 아름다운 것이 없기 때문이다.
있다 하더라도 추억의 갈피에서 위로를 찾지 못하기 때문이다.

엄마가 외로운 것은
외롭다는 말에 자신을 가두기 때문이다.
자신을 '외로운 자'로 규정 내렸기 때문이다.
이런저런 외로움을 등에 업고 짧은 망각을 즐기려 하지 않기 때문이다.

엄마가 외로운 것은
쾌락으로 시간들을 채우려하기 때문이다.

쾌락이 행복이라고 여기기 때문이다.

지금 내 손에 있는 작은 즐거움을 하찮게 보기 때문이다.

엄마가 외로운 것은

위로를 마중물 삼지 않기 때문이다.

자신이 퍼 담으려 애쓰지 않으면 누구도 채워줄 수 없다는 것을 모르기 때문이다.

스스로 퍼 담기 시작하면 누군가 돕는다는 것을 믿지 않기 때문이다.

고꾸라지기

스키를 처음 배울 때 강사가 하는 말, 잘 넘어지는 것이 중요합니다.

살다보면 고꾸라질 때가 있다.

열심을 내도 배신당할 수 있고 건방을 떨며 건들거리다가 낙상할 수도 있다. 노력을 하는 것 같이 보이지만 속을 들여다보면 자만했을 수도 있다. 상황이 나빴을 수도 있고 너무 빨리 두 손을 들어버렸을 수도 있다.

고등학교 시험에서 낙방했다. 좀 어이없었지만 벽보에 내 이름은 없다. 종일 울면서 시내를 서성인다. 갈 곳도 없으면서 버스도 타지 않고 걷고 또 걷는다. 어둑해서 귀가한 나는 후기 고등학교 시험준비를 하기 위해 밥상을 내 방에 들여놓고 담요로 무릎을 덮고 앉는다. 머리카락을 귀 밑으로 싹둑 자른다.

엄마는 독하다고 한다. 나는 별 선택이 없는 상황에서 다음 준비를 하는 것이 마땅하다고 여긴다. 울고불고 이불 쓰고 눕는다고 낙방생이 합격생이 되나. 무엇을 해야 하는지 불 보듯이 뻔한 상황에서 어리광은 유치하다.

덕분인지 고등학교를 무난히 마치고 만족스러운 대학진학으로 이어진다.

고꾸라졌을 때 맥을 놔버리면 끝이다.

타인에게서, 주변 상황에게서 고꾸라진 이유를 찾으려드는 것은 낭비다. 위안은 될지 몰라도 변화를 시도할 의지가 박약해진다. 변명거리는 만들 수 있을지 몰라도 실질적으로 변하는 것이 없다. 시간만 끈다.

가슴은 뻐근하고 짠 눈물이 한없이 목구멍을 넘어도 꺾인 무릎을 스스로 곧추세워야한다. 툭툭 털고 일어서야 한다. 구시렁거려 봐야 남의 짐만 된다. 남 탓은 결국 나의 실패를 전제할 뿐이다.

고꾸라졌다가 일어서는 것도 용기지만 슬기로운 사람은 고꾸라지기 전에 준비한다.

금 방

두 달 반이면
아들을 본다
금방이지
매일을 열심히 지내다 보면.

이년 반도
금방 가겠지
이십 년이라고
더디 가겠나.

봄 비

외치지 않고
살금살금
홈통을 따라 흐르며
이야기를 건다,
또다닥 또다닥.

남편은 허리 아파 침실에 있고
창가에 앉아 빨래를 개며 듣는
봄비의 걸음소리는
좀처럼 살아나지 않는 그 시간,
철없던 때
마루에 누워

가물가물 잠을 청하면
나른한 공기 속 저 멀리서 들려오는
다듬이질 소리에
손가락 빠는 아기가 되던 시간을 부른다.

봄비는
점선 같은 평온의 순간들이
있었음을 일깨우며
빼꼼히 커튼을 들춘다.

동네 한바퀴

내게 걷기는 단지 이동한다는 본래적 기능 외에 주요 기능이 더 있다. 명상에 가까운 생각 걸러내기의 필터다.

해결책이 생각나지 않거나 머릿속이 복잡할 때 하찮은 집안일들을 모아 동네를 탐방한다.

밖에 둔 화초를 살피고 낙엽을 쓸어 담는 아주머니에게 힘든 계절이 왔다고 한마디 건네고 경비아저씨에게 목례를 보낸다.

카트를 끌고 시장엘 들러 양파도 사고 대봉시도 사고 힘들면 은행에 들어가 로비에서 쉬기도 하고 세탁소에서 세탁물을 찾고 슈퍼마켓에서 콩나물을 사고 은행 ATM에서 돈을 빼고 우체국에서 등기우편을 보내고 약국에서 식염수를 사고 주민센터에서 인감증명을 떼고 빵집에서 아침거리 칠곡빵을 산다.

꽃집 앞에 내다놓은 꽃들에게 말을 걸고 향을 맡고 옷가게 창을 기웃거리고 젊은이들의 활기를 곁눈질하고 벌집 아이스크림을 사먹고 세일하는 화장품을 노린다.

만나는 사람들과 인사를 나누고 안부를 묻고 가벼운 이야기를 주고받고 고운 농담을 건네고 그들의 노고를 치하하고 눈웃음을 짓고 그들이 기뻐하는 것을 본다.

돌아서 집으로 오는 길이 한결 가벼워지고 또 다른 소소한 것에 상냥함의 씨앗을 뿌릴 용기를 얻는다.

동네를 한 바퀴 돌면서 마음이 아기풍선처럼 부푼다.

미세스 다람쥐

옷집이나 책방, 죽집엘 가면 페이퍼백에 물건을 담아준다. 재활용할 일도 별로 없으니 집에 쌓인다. 한때는 백원을 받고 쇼핑백을 팔던 정책도 있었지만 별 효과가 없는지 흐지부지 되었다. 생각없이 주고받는다.

'필요할 때 써야지…' 하는 마음에 버리지 않고 뒷베란다 한켠에 모아두는데 어느 날 보니 산더미다. 큰 것, 작은 것, 기다란 것, 세로로 긴 것, 바닥이 넓적한 것, 좁은 것 할 것 없이 엄청나다.

고민 끝에 신문 등 폐지를 담아 버리는 용도로 쓰기 시작한다. 일주일에 한두 개 밖에 쓰는 것 같지 않은데 생각보다 소모가 되고 뒷베란다가 훤해진다.

아하, 돈이 쌓이는 원리가 이런 것이로구나!

아주 작은 것, 별 것 아닌 것이라 해도 갈무리를 잘 하면 부자가 되고 작은 것들을 소중히 여기지 않으면 아무리 많았었다 하더라도 손가락 사이로 빠지는 모래알처럼 흩어진다는 것을 알았다.

외 출

세 시간 외출허락을 받는다.

열흘 만이다.

수액주사 줄들을 풀어 온몸에 해방감을 감고 그 위에 평상복을 덧입는다. 병원 문을 나선다. 내 팔이 이토록 유연했나. 내 다리가 마구 내달리려 할 만큼 추진력을 가지고 있었나. 평상복이 이렇게 살가웠나. 추리닝이 이토록 멋스러웠나.

죄수들이 특별휴가로 나들이 할 때 기분보다 못할까.

절로 얼굴에 웃음이 번진다.

그것도 잠깐, 가슴이 두근거린다. 두려움 때문인지 설렘 때문인지.

천천히 걷는다. 다시는 이 길을 걸을 수 없을 것처럼 꼭꼭 씹어 맛을 음미하며 걷는다. 절을 지나고 여고를 지나고 호수를 지나고 초등학교를 지나고 집으로 가는 샛길로 들어선다. 야단법석 축제가 있다는 현수막도 새롭고 수능 마친 여고생들의 구르는 말소리도 신선하고 추운 날씨에 수면 밑에서 눈만 빼끔거리는 잉어가 능청스럽고 그네를 차지하려 실랑이 벌이는 아이들도 새삼스럽다.

제 몸 태운 붉은 잎들이 바닥에 뒹굴고 차가운 가을비 몇 방울이 이마를 때리고 바람은 머플러를 희롱해도 변한 것이 없다. 왁자한 초등학교 운동장도 쓰레기통 옆에 세워둔 내 자동차도 닫지 않은 아들 방 창문도 급히 내던지고 나선 옷들도 돌보지 않은 텃밭도.

콧속 가득 서늘한 바람을 불러모아 폐를 부풀리고 공기의 신선함을 마신다. 금식의 후유증으로 침이 마르지만 허기는 없다. 후각은 예민해져 곳곳에 숨은 향기를 집어내고 항생제로 정갈해진 몸은 하늘을 난다. 통증에서도 벗어나 매인 곳이 없다. 너울대는 몸과 마음이 죽음 같이 평온하다.

옷수선 집 낡은 팻말도 커피집의 불빛 은은한 창도 이리저리 부딪히는 좁은 길도 노점상의 과일도 대박 로또 있다고 광고를 내붙인 편의점도 분주한 헤어샵도 영업을 그만 둔 것 같이 문을 꼭꼭 닫은 일식집도 그 자리에 그 모습 그대로 있다.
변하지 않은 모든 것이 다정하다.

거짓말처럼 아밀라제 수치가 급격히 떨어졌다.
의사는 외출의 결과로 믿지 않는다.

일 등

여고 일학년 때든가. 아무리 열심을 내도 항상 반에서 이등이다. 천재소리 들으며 월반을 두 번이나 한 그 아이는 설렁설렁 공부하는 듯 보이는데도 언제나 일등이다.

그 아이의 아버지가 돌아가셔서 시험을 치르지 못한 탓에 그 학기 일등은 내 차례가 된다.

내막을 모르신, 내가 진실을 이야기 하지 않아 내막을 모르실 수밖에 없는 아버지는 최신형 금성라디오를 사 주었다. 팝송을 들으며 공부하던 내게 신명나는 선물이다. 그래도 마냥 즐겁지는 않다. 떳떳치 못한 일등이라는 생각을 지울 수 없다.

물론 다음 학기 또 그 아이에게 일등 자리를 빼앗긴다. 빼앗긴 것도 양보도 아니고 반납이다. 나에게는 정복해야할 「국산사자음미실」이 그 아이에게는 지적 놀이에 불과했는지 모른다. 적

수가 되질 못하는 거다.

질투가 나거나 화가 나진 않는다. 아쉬울 뿐이다. 내 보기에도 그 아이는 뛰어나고 공정하게 평가받은 것이니 그럴 이유가 어디 있는가.

어린 나이에도 이등은 해도 비겁하지는 말아야지, 했다.

수학문제 1

아래에 제시한 수식들을 숙고한 후 문제에 답을 하세요.

1) 사람의 깊이 = 1/2 심장 + 1/2 뇌

$$2)\text{성품} = \frac{\text{타고난 성향}+\text{경험한 상처}+\text{경험의 강도}+\text{경험의 지속기간}}{\text{극복하려는 의지}+\text{자신에 대한 통찰}}$$

3) 만남 = 1%의 꿈 + 99%의 타이밍

4) 결혼 = 50%의 운명 + 50%의 노력

5) 행복 = 쾌락 20% + 미래를 예비하는 인내 20% + 자신을 다스릴 수 있는 의지 20% + 건강과 체력 20% + 자존심 굽히지 않을 만큼의 물질 20%

6) 물질의 넉넉함 = $\dfrac{\text{노력30\%} + \text{기회50\%} + \text{욕심10\%} + \text{분수알기10\%}}{\text{사회적 책무}}$

7) 타인과의 관계 = {나 자신에 대한 긍정적 사고 × 상대에 대한 이해의 지식} + 대화의 기술

〔문제〕 생애를 세 단계로 나누고 그에 필요한 덕목을 간단히 서술하세요.

(2015년 한국실험수필 2집)

쪽 박

속에
슬픔이 가득한데도
누군가를
위로하고파
안달하는 것은
무엇인가.

슬퍼하는
누군가를 보면
더 큰 공명으로 되울려오는 불안 탓인가.
브레이크도 없이 밀려드는 감정이입에 위협을 느끼는가.

가진 것은 쪽박뿐인데 대책없이 나누려하니 서로 해갈도 어렵다.

향 내

확실히 기억나지는 않지만 이십여 년 전쯤 프랑스 향수, 뽀아종을 만났다.

자연스럽지 않은 향으로, 이름처럼 도발적이다. 뽀아종은 독약이란 이름 그대로 '죽여준다!' 그 속에는 도전, 파격이 담겨있다. 결코 얌전한 향이 아니다. 소녀적 감미로움은 없다. 살이 통통 오른 뽀얀 살결의 중년여인의 팜므파탈이 엿보인다.

옥잠화의 은은한 모습과 향은 올해에도 어김없이 보경이를 떠올리게 한다.

사십오년 전 어느 여름 날, 열아홉 살 보경이는 '생일 축하합니다!' 하며 옥잠화 무더기를 서너 개 들고 왔다. 마당에 피어있는 것을 꺾었다고 했다. 옥잠화보다 더 옥잠화 같은 그 아이는

다음 해 이후 다시는 들르지 않았다. 상세한 이유는 모른다.

두엄 냄새도 괜찮다.

나쁘지 않다. 때로 좋기까지 하다.

시골 길을 지나며 맡게 되는 똥내는 내게 있지도 않은 고향, 엄마 품 같은 푸근함을 준다.

아기였을 때 아들이 똥을 누며 제 똥 냄새에 구역질하던 일이 생각나 섬세하고 그 작은 아이가 내 곁에 있는 듯 행복하기까지 하다.

향내는 각각 다른 강도로 뇌를 두드리고 내 뇌는 열정, 애틋함, 그리움, 환희 등을 쏟아낸다.

튤립 호텔에서 온 소식

임곡 한기정 박사가 2037년 11월 30일, 렘브란트 광장이 내려다보이는 네덜란드 튤립 H. 호텔에서 영면했다. 유족으로는 아들, 김준○(서울대학교 자연과학대 물리학부) 교수가 있다.

무역업자의 딸로 태어나 서구식 교육을 받았으나 갈등 많은 가정사로 인해 정신적인 성장에 심취한다. 학위논문이 '자유, 실존적 교육'인 것이 그 단면을 보여준다. 한국특수교육계 1세대로 프로그램 연구에 관한 전공서적을 다수 남겼다. 59세에 현대수필로 등단, 다섯 권의 수필집과 한 권의 장편소설이 있다. 말년에는 WT(쓰기와 말하기)상담기법으로 내적 성장의 욕구를 가진 사람들을 도왔다. 2025년, 제1회 운강재단 문화상을 받았다.

유언을 싣는다.

아들, 널 만나 내도록 행복했다. 눈물은 흘려도 슬퍼는 마라. '안녕!'은 미련이 남았을 때 하는 것이 아름답지. 네게 좋은 일이 생길 때마다 엄마가 곁에서 너보다 더 신명낸다는 것만 기억해. 내게 말벗이 되어주곤 했던 네 처에게 언제 어디서나 응원할 거라고 전해주렴. 소은, 소찬, 소곤에게 모든 일에는 끝이 있는 법이라 이르거라.

시신은 서울대학교 병원에 기부하고, 장례는 가벼운 마음으로 나에 대한 추억을 나눌 수 있는 소박한 자리면 좋겠다. 크게 후회될 일도 없고 모든 것이 적절한 때이니.

비용을 제하고 남은 것 중 ⅘는 네게 선물할게. 사치를 위해서가 아니라 쉬고 싶을 때가 있을지도 모르니까. ⅕은 서울대학교에 기부해 할아버지 고(故) 김태○ 교수와 아버지 고(故) 김○철 교수 이름을 기리자. 네 아이들이 그 장학금을 타면 더 없는 영광이겠고.

솟구치는 인간에 대한 관심과 연민, 감당하기에 벅차 숨가 오르곤 하던 숨을 이젠 고르게 하려고 한다.

오리의 몸짓은 끝났다. 평온하다.

(2014년 서초수필회 동인지 '푸하하 & 보헤미안')

용서를 구하는 나에게

젊음을 낭비한 죄
꿈을 꾸지 않은 죄
연민에 책임을 진 죄
실수를 인정하지 않은 죄
미련함을 순수로 착각한 죄

이명으로 가슴앓이로 곁을 떠날 줄 모르던 끓는 함성이 이제야 바래는지 부러 해마*에서 끄집어내지 않으면 항구를 떠나는 뱃고동처럼 멀어지곤 한다. 그때 내 나이인 젊은이가 고백한다면 등을 다독이며 별 거 아니다, 풍성한 사람이 되려하는 게다, 너 자신을 나무라지 마라, 하겠지. 멀리 와버린 덕분인지 쇠약해진 육신의 탓인지 내 청춘의 시간과 화해를 위해 악수를 청하려 한다. 잊으라. 행여 누가 양심불량자라 손가락질 할까 두려워 어찌지 못하는 기름기 없는 기억의 봇짐을 던져버리라. 지금, 이 시간을 즐길 날이 지난날보다 짧다. 지금, 이 순간을 즐긴다 해도 미안할 것 없다. 살다보면 뒤틀린 운명도 만나고 본의 아닌 해악질도 있는 법. 나름 최선을 했으니, 누군가를 고의적으로 해코지 한 적은 없으니 되었다.

*해마: 해마체의 다른 이름. 학명 Hippocampus. 대뇌변연계의 양쪽 측두엽에 존재하며 기억을 담당한다. (위키피디아)

눈이 온다

쌓여
해를 가릴 만큼 벽을 이룬다 해도
봄이 오면 기가 죽어 물러날 것을
지금은 끝도 없이 눈이 온다
햇살 맑은 날은 기억조차 없다는 듯이.

그러나
설벽(雪壁) 속에 갇혀 지내는 시간이
조금 더 길거나 짧을 뿐
언젠가는
봄꽃을 본다.

해골의 관절음

오차숙*의 말대로 생이 한 판의 춤사위라면
난
점점 마른 춤을 추는 듯 싶소
우울은 분노에게 자리를 내어주고 몸피 역시 야위어 볼품이 없소
인간사에 의연한 척하려니 세포 속 물기가 증발해 그런가보오
삐그덕거리오

그녀는
바람에 날리는 이사도라 덩컨의 실크 머플러처럼 펄럭이는데
난
밀가루 풀을 잔뜩 먹여 말린 이불보마냥 빳빳하기만 하오

그녀는
아기의 살내 같은 신명을 던지건만
난
치매 들린 노파처럼 깜빡깜빡 배 속으로 잦아들어 간혹 깊은 곳에서 솟아오르는 것이 있다 해도 잡아채질 못 하오

아직 울음 많을 때 미움 모를 때 커다란 꿈이 살아있을 때
난
얼마나 아름다웠나
순수가 먹이 되어 울에 갇혀 니트로글리세린을 혀 밑에 녹일 뿐이었지만 백치적 아름다움은 맑은 수정처럼 도무지 의심도 모르고 바보에 가까웠지
그래서 날 내어줄 수 있었지만 이제는 속지 않으려 버티며 일부러라도 세상물에 젖으려 하오
변명도 하고 코웃음도 쳐보려 하오
뇌에 달라붙어 불면과 불안과 식욕부진을 부르는 기억들은 영원히 열리지 않을 타임캡슐에 담아 지구의 핵으로 쏘아 보내려 하오
있지조차 않았던 듯

예전에 울보였다면 지금은 허당이지만 곧 여우가 될테오

가끔은 계산도 염려도 없이 미친 듯 머리 풀어 헤치고 뜨거운 속에 몸을 담그고 싶긴 하오

나름 꿈틀거리오

그러나 그뿐이오

사랑이라는 느낌조차 낯설어져 나 자신에게 묻고 또 묻소

명료한 답을 원하는 강박이 원인인지 머리가 얼음덩어리로 가득 찬 탓인지 더 이상 복잡한 것에 염증이 나서인지 모르겠소

헹가래를 치고 목젖이 붓도록 함성을 지른다고 흥이 나겠나 싶고 낚시로 시간을 낚고 흐르는 강물에 시름을 씻고 건진 물고기로 육신을 보한다고 삶에 광택이 돌겠나 싶소

되도 못할 어색한 춤사위에 무릎관절만 울음소리를 낼 뿐이지

*오차숙: 현대수필 편집장

(2015년 청색시대 동인지 '블랙박스를 열어라')

벗이 있으면

당고개에서 오이도를 가는데
벗과 함께하면
어느 결에 왔나 싶지만
혼자 오면
많은 일을 해야 한다.
책을 읽고
알지도 못하는 옆 사람의 질문에 진심 없는 답을 하고
멸치를 들이밀며 사라는 아주머니에게 냉정히 굴고
종이를 거두는 할아버지에게 읽던 신문을 건네고
그래도 아직 몇 정거장이 남는다.

벗이 있으면

좋은 벗이 있으면
어떤 길이라도
짧다.

깊은 잠에 빠져

왜?

우리에게는
답을 구할 수 없는 질문이 있다.

왜 언니보다 늦게 낳았는가.
언니의 헌 옷을 물려 받는 것이 죽기보다 싫다해도 왜?에 대한 답은 얻을 수 없다.

왜 나는 여자인가.
왜 내 손은 곱상하지 않은가.
왜 나는 대한민국에서 태어났는가.
왜 내 아버지는 이건희가 아닌가.
왜 당신은 나를 사랑하지 않는가.

기정사실을 뒤집을 수 있는 것은 타임머신뿐이다. 타임머신으로도 되지 않는 것은 신도 답하지 않는다.

서울내기 농사짓기

순 서울내기의 밭농사는 엉성하다.

크기도 한 쪽 엉덩이만하다.

키가 큰 작물과 작은 작물이 뒤섞여 채마 밭인지 장마 지난 잡초 밭인지. 풀 반 작물 반, 나 반 먹고 벌레 반 먹고.

게다가 초짜 농부는 게으르기까지 해 수확이 시원치 않다.

사람들은 밭에서 얻는 소출보다 키우는 것이 더 신기롭고 즐겁다지만 농부는 철부지라 먹는 것에 신명을 낸다. 손을 움직여 깻잎, 오이, 가지, 쑥갓, 토마토, 상추, 고추를 키우는 자신이 대견하다. 시장에서 보던 것과 똑같이 생긴 것이 주렁주렁 달리니 신기하다. 거둔 작물을 입에 넣는 것은 환희의 결정판이다. 바구니를 들고 나가 생선 조릴 때 얹을 깻잎을 따고 쌈장에 찍어먹을 오이와 쑥갓을 거두는 것은 장(腸)엔 유산균이요 정신엔 항우울제다.

자긍심은 스멀스멀 온몸을 기고 기분은 주책없이 넘실댄다.

개팔자

샌프란시스코에 머물 때 길거리에서 많은 노숙자들을 보았다.

캘리포니아 경기가 좋지 않아서인지 몇 발자국을 떼지 않아도 그들과 만날 수 있다. 짐작하기에 70% 정도는 개와 함께하는 것으로 보인다. 대개는 근사하게 생긴 커다란 개다.

분명 그들의 잠자리는 덥고 춥고 축축할 게다. 주인의 음식이 조촐하니 개들이라고 유기농 사료를 먹을 리 없다. 굶지 않으면 다행이다. 쫓기기도 하고 해코지를 당하기도 할 게다. 다가가 맡아보지는 않았지만 아마도 냄새나고 부스럼투성이일 가능성이 크다.

그들이나 그들의 주인이나 고달프기는 매한가지다.

그들의 속내는 어떠할까.

여러 위험과 결핍에도 불구하고 주인과 24시간 함께하는, 서로 의지하고 온전히 하나가 되는 감정적 호사를 누리는 것은 아닐까.

샴푸로 씻고 개껌을 씹으며 알록달록한 옷을 입고 잠자는 숲속의 공주처럼 낮잠으로 소일하느라 빈 집의 정물이 된 반려동물이 아니라 뜨거운 피를 함께 나누는 진정한 반려자의 지위를 누린다.

수목원

주말, 늦은 기상 후
점심을 먹고
수목원 나들이를 했습니다.

해설가를 따라 이리저리 돌아다니며 신명을 내는데
젊은이들이 눈에 뜨입니다.
혼자 거닐고 사진을 찍는 젊은이도 있지만
데이트를 하는 이들이 많습니다.
조금쯤은 긴장하고 탐색하는 미소로 이야기를 두런두런 나눕니다.
어린 자녀를 유모차에 태우고 온 부부도 많습니다.
보다 넉넉하고 편안한 몸짓으로 밀착감을 보입니다.

문득
멀리
지금 이 시간에
깊은 잠에 빠져있을
아들이 생각납니다.

아들은 엄마꿈을 꾸지 말고
아무 생각없이
그저 피로를 완벽하게 풀
깊은 잠에 빠졌으면 합니다.

곰배팔

이십년 전 미국 살 때
우리에게 들렀다 한국으로 떠나는 엄마를 배웅하며
돌아서 훌쩍이는 내게
남편은 뭘 그러는가 퉁을 준다.
일곱 살짜리 아들이 '아빠는 할머니가 자기 엄마가 아니니까 그렇지' 한다.

중환자실과 입원실을 넘나드는 자기 어머니를 보며
남편은 간병인의 불성실을 의심한다.
나는 구십 노인의 병증을 그렇게만 말할 수 있나
근거도 없이 그런 억울한 말은 하지 말라고 눈을 흘긴다.

세상의 이치가 이렇다.

젊 음

젊음은
늙음의 반대말이 아니라
축제이며
막막함이고
가슴이 머리 위에 얹힌 무모함이고
낭비할 시간이 넉넉함이다.

묵은지

돌이켜보면
용서 못할 일도 이해하지 못할 일도 없고
사실들은 이미 탈골되었는데도
느낌은 아침 일처럼 생생하다.

서러움은
속눈썹에 맺혀
봄날의 고드름 방울처럼 소리를 내고
가슴 어딘가에 웅크리고 있다가
먼지를 일으키며
딸꾹질을 한다.

모두 내 탓이란 생각에
속 깊이 가라앉아 있던 앙금들이
성난 사자의 갈기처럼 솟구치는
가누기 어려운 날도 있다.
손아귀에 잡힌 '지금'을
미련한 순수함, 선한 인간에의 무모한 열정, 자신이 부서지는지도 모르고 끌어안으려던 가치와 그 괴리에서 온 것으로 해석하고
분한 마음을 젓는다.

지난 시간들을 웃어넘기기에는
속이 살아있고
뇌에 먹물이 가득한 탓인지
속절없는 중년의 우울증인지
술로 풀며 길바닥을 설설 길 용기도 없어 삭힐 길이 없기 때문인지
괜한 뇌의 궁상인지

삶은 곰삭아야 맛이라지만 묵은지 말고 겉절이 마냥 날 것으로 살아봐도 좋겠다.

행운이란

초콜릿을 내밀며 시혜를 구하는 장애청년이
조건없이 삼천원을 건네는 사람을 만나는 것.

그것보다 더 큰 행운은
마다하는 초콜릿을 쥐어주며
감사를 전하는 청년의 마음을 보는 것.

텃 밭

작물들은 아직 땅을 기는데
구두코가 까맣도록 포실하게 봄비는 내리고
닭똥은 뿌려지기를 기다리니
목구멍은 벌써 군침을 삼킨다.

노인의 식탁

노인은 자녀가 셋, 그 배우자가 셋, 그 사이에서 얻은 손자녀가 여덟이다.

구순 생일, 식탁에 모인 것은 자신을 포함, 여섯 명.

다 어디로 간 것일까?

사위는 출장 중이고 여섯 명의 손자녀가 바다 건너 있기 때문이다.

그나마 서울에 있는 두 손자녀도 학원 일, 동아리 일로 바빠 불참이다.

공부를 마치고 독립해 살고 있는 손자녀부터 아직 공부 중인 손자녀까지 한국과 미국 전역으로 뿔뿔이 흩어져 각자 고군분투(孤軍奮鬪)하고 있다. 전공도 컴퓨터, 전자공학, 신문학, 국제관계학, 의학부터 예술, 드라마에 이르기까지 다양하다.

식탁에서 아이들의 농담, 웃음소리, 유머의 왁자함이 사라지고 숨소리마저 단출하다.

위안이라면 조곤조곤 나눌 이야기가 아직 남아있고 모든 손자녀들이 자신들의 미래를 위해 열심이라는 것이다.

(2014년 서초수필회 동인지 '푸하하 & 보헤미안')

대전집 거실

겨울 해는 가득 포근하고 갑천은 잔물결로 반짝인다.

멀리 무성영화처럼 달리는 자동차들 속에서 숨소리는 메트로놈*처럼 곱다.

바깥 풍경은 천상의 세상인 듯 상상의 소리마저 들리는 적막으로 움직인다.

급히 해야 할 일도 없고 다행히 누군가가 찾는 벨소리도 문자도 없다.

커다란 소파 위에 아들은 엄마 무릎을 베고 곤히 잠들고 엄마는 미동도 없이 푹~~~ 자거라 마음으로 뇌이며 번쩍이지 않는 기쁨과 안쓰러움의 속살을 쓰다듬는다.

정물 같은 공간은 시간을 가늠할 수도 가늠할 필요도 없지만 깊은 소통이 지하수처럼 흘러 아들은 낯선 땅에서 보낸 일 년을 털고 엄마는 그런 아들을 기도로 지켜본다.

멈춘 시간 같은 거실의 정적 안에는 오래된 익은 이야기들, 입에 올리지 않은 공감이 담겨있다.

이 순간이 격려도 위로도 그리움도 기쁨도 심지어는 서러움도 되리라는 것 또한 안다.

까맣게 잊고 지냈는데 대전집에 들어서자 지난 1월, 한국에 들른 아들과 지낸 하루가 봄꽃처럼 피어난다.

*메트로놈metronome: 악곡의 빠르기를 측정하거나 지시하는 기계

뭐지?

신의 의지라면,
세월호에 남았던 생명들을
치밀한 계획 아래
오랜 시간을 두고
한 곳으로 집결시켰다는 말인가.
대한민국으로
안산시로
단원고등학교로
2학년으로.

꽃이기에 더욱 충격적인 그들을 제단에 올림으로 살아남은 자에게 나은 미래에 대한 책무를 지운다는 것인가.

제물로 인해 얻는 것이 그보다 더 값지고 아름답다는 말인가.

누가 알겠는가.

깊은 뜻이 있는지 단지 우연한 사고인지.

저주 받을 우연이라 하더라도 우리가 읽어야할 것은 '무엇이 소중한가'

의미를 붙들어야 어지럼증을 가누고 앞으로 나아간다.

선한 자

그는 상냥하고 은근한 목소리로 묻는다.
궁금해 못 견디겠다는 기색을 숨기지도 않고
다리 한 쪽이 없으신 거 맞죠?
바지 속 헐렁한 이는 당혹스럽지만 말없이 고개를 끄덕인다.

그는 단지 호기심이 많은 솔직한 사람일까요.
웃으며 선한 사마리아인의 뺨도 후려갈길 사람일까요.

수요일의 여행

꽤 오랫동안 수요일은 '강의하는 날'로, 일상에서 탈출이다.

아침 먹고 떠나 저녁 먹을 때 귀가한다. 주마다 하는 짧은 여행이다.

강의를 빌미로 여타한 사건들을 밀어낸다.

분지 모양의 캠퍼스는 주변에 위락 시설은 물론 일체 편의 시설이 없다. 흔한 편의점도 떡볶이 집도 양고치 집도 없다. 노점상도 없다. 풍광은 그만이고 정갈하고 조용하다. 주변 산은 계절마다 다른 색깔로 치장하고 파란 하늘에는 비행기가 소리도 없이 날아간다. 젊은이들은 반기지 않을지 모르지만 도(道) 닦기 맞춤해 깊은 산사에 머무는 듯 잡념 없이 시간을 보낼 수 있다. 일상을 포기함으로 넉넉하다. 강사라는 직업의 형편 상 유

령처럼 강의 준비하고 밥 먹고 차 마시고 책 읽고 꽃구경하고 뉘엿할 때 버스에 오른다. 잠깐씩 학생들과 어울리기도 하지만 일회적이고 단편적이다.

그래, 머릿속은 깊은 물처럼 잔잔하다.

젖은 긴치마처럼 휘감기는 엄마의 어리광을 공인된 이유로 거부하고 숨통을 틔는 시간이다. 엄마도 수요일은 침범하지 않는다. 일하는 딸에 대한 존중이자 대리만족을 위한 배려다. 하루에 두 번 하는 전화도 면제다. 성공할 기색도 없는 어설픈 아라한* 노릇에서 빗길 수 있는 시간이다.

스스로 갇히고, 그 안에서 숨을 쉰다.

*아라한 arahan: 온갖 번뇌를 끊고 사제의 이치를 깨달아 사람들의 우러름을 받을만한 공덕을 갖춘 성자. 행복한 죽음을 맞으면 좋은 세상에서 다시 태어날 수 있다는 말에, 어떤 아라한이 불행해하는 부모를 열반에 들게 하기 위해 노력했다는 설화가 있다.

예쁘셨겠어요

오~~래전에
풋풋했을 때
혹
그랬을지도 모르지요.

행여
눈이 시원하고
코가 복스럽고
입은 앵두 같았을지 몰라도

예쁘다는 말을 들어본 적이 없으니
엄마 닮았으면 예뻤을 텐데… 귀에 못이 박혔으니

엄마조차 자신의 미인왕좌를 양보할 마음이 없었으니
예쁘다고 생각해 본 적이 단 한 번도 없었으니
결코 예뻤던 적은 없는 겁니다.

덕분에
사색하는 여자아이가 되었습니다.

(2013년 서초수필회 동인지 '생은 연극이다')

별똥별

무엇인가를 너무 되씹다보면 그것이 너를 먹어버릴 수도 있다.
-코맥 매카시, 「모두 너무 예쁜 말들」 중에서

급격히 떨어진 기온에 발을 동동 구르며 신호등이 바뀌기를 기다리는데 문득 머릿속으로 별똥별이 쏟아진 듯 그때 그 아이와 결혼이 되었으면 조금 초라하지만 더 풍성하고 넉넉한 마음으로 살지 않았을까. 한 번도 생각 들어본 적 없는 사십년 전 불발로 끝난 그 일에 마음이 주저앉으며 긴 침묵의 시간이 시작된다.

세월이 지나는 동안 구부정해지고 생업에 열심하느라 초췌해졌을지도 모르지만, 심지어는 우아함조차 접었을 수도 있지만 아직 어린 그때 그 아이는 성적이나 적성이 아니라 장학금을 따라 학교에 진학해야하는 중에도 현실의 팍팍함을 견디며 품격을 지키려 무던 애를 썼다.

슬림라인 재킷을 걸친 듯 도회적인 나는 결혼으로 한결 높은 절제와 교양과 여건을 받아들이고 그에 맞는 말끔한 옷을 더욱 맵시있게 두르게 되었으나 그 속에는 생명의 훈기가 마르고 활기가 부족하다.

남편은 성실하고 물질은 자존심 굽히지 않을 만큼 있고 자식은 반듯한데, 다가서기 조심스러운 굴레 또한 실핏줄처럼 스며있으니 서늘함은 항존하고 본질적 결손을 메울 길 없어 빈 거리를 서성인다.

누가 그러던가.

그 아이와의 생활에서는 윤기가 흘렀을 것이라고.

(2014년 서초수필회 동인지 '푸하하 & 보헤미안')

글쓰기

누구는 숙제라 하는데
난
생존.

숙제도 어렵겠지만
들끓으며 솟구치는 열기도 만만치 않다.
생각들은 바닥에 쏟아져 진주처럼 구른다.
미처 줍지 못하고
너울대는 하얀 나비 같은 단어를 찾으려 헐떡이는데
손에 잡히지는 않고
머릿속에서 뱅뱅 돈다.

허공을 휘저으며 급발진 자동차처럼 이리저리 날뛸 때
행여 누군가 두 팔로 가로막는다면
살인이 나겠지.

사화산이 되어
변심한 연인처럼
싸늘하게 돌아설 수 있으면 낫겠지만
높은 벽을 넘지 못하고
문학의 문턱만 쓰다듬다가
신포도라는 둥 코웃음을 칠지도 모르지.
감당 못할 것을 일찌감치 알아채고
열 트럭분의 레미콘을
쏟아 부어 틀어막던가.

그러나
누구도 속이지 못한다.
스스로
영원한 가슴앓이인 줄 뻔히 아는데
가증스럽게 무슨.

2월

수은주를 영하에 붙잡아둬도
머무는 절대시간이 짧아
추위구실을 제대로 하지 못한다.
눈발을 날려 봐도
지저분할 뿐 빙판을 만들지 못한다.
아직 이월이라며 눈치를 줘도
햇살은 각도를 세워 비춘다.
누가 뭐래도
뺨은 차갑지만
우주의 기운이 넘실댄다.
이렇게 봄이 온다.
이렇게 마음이 앞서 간다.

그래도 이월은 이월이라
겨울은 심통을 내고
봄은 앙탈을 부리니
새촘한 맛이 있다.

짝사랑

몇 만 마일을 떨어져 있어도 잠시 외출한 듯
그러다가도
영원에서나 만날 것 같은
막막함

말 건네기 수월치 않다는 것은 아픔이지만
나만의 웅숭깊은 기쁨이기도

거기에 그렇게 있어
존재함
그냥 그렇게 있어서

당신의 뜻대로

인간사에는 풀어지지 않는 매듭도 있다.
서툴러서도 그럴 수 있고
운명적이어서 그럴 수도 있다.

긍정을 모든 문제의 해결로 이야기하는 사람은
자신을 속이는 것이거나
바보거나
거짓을 믿고 싶은 탓이거나
다른 사람을 의기소침하게 만들려는 심보다.

론다 번은 시크릿에서 간절히 원하기만 하면 주차장에서도 내가 원하는 자리를 언제든지 차지할 수 있다고 말한다. 이 대목에서 나는 기절한다. 이런 이기적인 긍정이 있을 수 있나. 내가 편한 자리는 다른 사람도 편한 법이다. 긍정의 기도를 실현시킬 목적으로 후미지고 아무도 탐내지 않는 곳, 언제나 비어있는 곳을 원한다면 모르지만.

기도는 '내 뜻대로 마옵시고 당신의 뜻대로 하옵소서'라고 가르친다.

신은 이미 인간의 이기심을 통찰하고 세상이 돌아가려면 개인을 뛰어넘는 혹은 모든 인간을 아우르는 질서가 있어야겠다고 결심한 거다.

나비의 운명

30년 전 호주 멜본 동물원의 나비관은 생소했다. 서늘한 고요 속에 곳곳에 꽃과 설탕그릇이 숨어 있다. 드나드는 문에는 여러 가닥의 헝겊들이 흐느적거리며 버티컬 커튼처럼 쳐져 있어서 사람이 드나들 때 나비가 묻어나가지 않도록 되어 있다.

공기를 가르는 느낌조차 없는 나비와의 소통은 허공에 흩어지는 소리처럼 잡을 길이 없고 적막 속에 그들의 군무만이 화사하다. 수많은 색색의 나비들이 어깨와 머리에 앉고 주변을 팔랑거린다. 소리도 무게감도 없이 영혼처럼 날아다니는 나비들을 만나는 것은 영의 세계에 있는 듯 낯설고 목덜미에 입김처럼 스치는 공포로 자주 뒤를 돌아본다. 내 다리도 무게를 잃고 헬륨풍선처럼 공중을 부양한다.

이사 올 때 화분 속에 알이 있었는지 번화가 한복판의 우리 집 거실에 나비 한 마리가 사뿐 내려앉는다. 옅은 아이보리 색에 검은 줄 문양과 점이 찍힌 놈이다. 날개는 꽃잎처럼 부드럽고 몸짓은 우아하다.

내 집이 나비원이 되었으면 하는 바램으로 나비양육에 돌입, 꽃들 곁에 설탕을 담은 종지를 놓는다.

내 맘도 몰라주고 나비는 자연에 합류하고픈 본능으로 방충망에 붙어 애절한 몸짓을 한다. 집 안으로 끌어들이려 아무리 꼬득여도 날 무서워할 뿐 더 깊이 숨는다.

애고, 모르겠다. 운명에 맡기자.

며칠 후 외출하고 돌아와 보니 나비가 온데간데없다. 환상의 생명체가 영혼처럼 사라졌다. 고양이가 아니니 부르는 소리에 반응할 리 없지만 나비야, 나비야 부르며 집안 구석구석을 살펴봐도 찾을 길이 없다. 시체도 없다.

나비원은커녕 한 마리 나비도 지켜내질 못했다.

내 좋아 욕심을 낸 것이 잘못이다. 떠나보냈어야 하는데, 후회한다.

다시 등장한 나비를 보자 놓아주려던 마음이 사라지고 풀어주지 못한다. 그러구러 시간을 지내는 동안 나비는 애타는 주검으로 내 앞에 널브러진다. 다 가져 보라는 듯 그러나 하나도 가지지는 못할 것이라는 듯.

나의 소유욕은 관용의 벽을 넘지 못하고 살생으로 이어진 셈이다.

적당치 않은 곳으로 스며들어 탐욕스러운 자의 농간에 서둘러 목숨을 내놓아야하는 것이 나비의 운명이었다. 나비에게 발톱이 있었다면 운명을 거스를 수도 있었을 텐데.

치익! 작은 기차는

첫눈새벽꿈

2014년 12월 1일 새벽.

흰 눈이 설핏설핏 날린다
쌓이지는 못하고 잠시 머문 뒤 녹는다
몸은 두터운 코트로 감쌌지만
발은 맨발

어디를 디뎌야할지
불붙은 철판 위에 던져진 듯
동동거린다

누군가 날 둘러매고 달린다

얼굴도 보이지 않고 냄새도 없다

안도감이 퍼진다
태아처럼 온전히 나를 맡기고
어깨 위에서 흔들리며
누군가의 목덜미에
감사의 입술을 포갠다.

진정성

어머니는 먹는 것이 생기면 자식을 부른다. 나눠 먹자는 것이고 먹이고 싶다고 한다.

아들은 어머니가 먹을 것을 빌미로 당신 집에 들르게 하려는 의도라고 해석한다.

아마 둘 다 맞을 것이다.

진정성을 어떻게 가늠해야 하는가.

우리에게 완전한 진정성이란 것이 존재할 수 있는가.

한 가지 사건으로 미루어 짐작할 수 있는 가치가 아니라 시간을 통해 본 한 개인, 역사로 본 일련의 사건 속에서만 가늠할 수 있는 것이 아닐까.

위 안

주사 맞은 것이 서러운지
오래오래 흐느껴 우는 아기
젊은 아빠가 품에 안고
토닥토닥 등을 두드린다
오래 오래
아빠의 곳날도 시큰한 채로
오래 오래

내 고뿔

현실은 채워지지 않는다.
항상 어딘가 부족하고 만족스럽지 않다.

현실은 인간들의 관계형성으로 꾸려지는데
인간의 속성은 이기적이기에
그들이 생성하는 사건들은 필연적으로 충돌한다.
남의 장질부사*가 내 고뿔만 못하다하지 않던가.

자신의 육신은 현실이고 타인의 육신은 관념이기에 그러하다.

*장질부사: 장티푸스의 한자어

사랑의 이름으로

엄마가 돌아가기 사흘 전, 이미 죽음의 문턱을 넘어선 듯 온몸이 흙빛인데도 딸을 앞세워 은행에 들른다. 딸에게 주어야 할 돈이 있다고 했고 의자에 꼿꼿이 앉아 그 일을 지시한다. 제대로 앉을 수도 말을 할 수도 없는데 오로지 정신력만으로 해낸다.

은행직원들이 어떻게 생각하겠나, 뭐가 그리 급해 죽어가는 엄마를 앞세워 왔나 하지 않겠나, 싶은 생각이 딸의 등줄기에 서늘한 치욕을 느끼게 한다. 딸은 그 일이 자신에게는 그렇게 중요하지 않다고, 사랑의 이름으로 목조르기일 뿐이라고 분노한다. 엄마의 주도면밀한 마지막 실행에 진저리를 친다.

딸에게는 중요하지 않은 것일지 몰라도 엄마는 죽기 전 꼭 해야 할 일이라 여긴다. 엄마는 눈 감은 후 누군가가 그것을 채

가기라도 할까봐, 집 없는 딸이 고생할까봐 두려워 돈 건네는 일이 죽음의 고통보다 절절하다.

닥친 죽음 앞에서 엄마의 편안한 마지막을 보아도 슬픔뿐 일텐데 독한 엄마는 그 일을 밀어붙인다. 생활에 무심하고 초연한 아버지를 돕고 자식들을 제대로 교육시키기 위해 젊은 시절 내도록 쉬지 않고 일한 엄마가 죽는 순간까지 자식걱정으로 극한의 의지력을 보이는 것에 딸은 숨쉬기조차 어렵다. 자신의 병세를 알고 무리하지 않겠다, 구차하게 굴지 않겠다며 치료를 거부한 속내에는 괜한 고생하기 싫다는 의지도 있지만 뻔한 결과에 낭비하지 않겠다는 뜻이 크다는 것을 딸은 안다.

엄마에게 죽음보다 더 무서운 것은 딸이 고생하는 것이다.

딸은 엄마 죽음 후, 끝없이 자신을 괴롭히는 죄의식에 숨을 쉬기가 어렵다.

엄마에 대한 가없는 연민과 자신에 대한 분노를 삭힐 시간이 필요하다. 아무에게도 구구한 이야기를 의례적으로 듣고 정치적 언사들을 늘어놓을 여유가 없다. 입을 열면 걷잡을 수 없는 말들이 쏟아질 것 같아 은둔하려 한다. 딸은 전화번호를 바꾼다.

딸을 나무랄 수 있나.

……

그렇다고
엄마를 지나치다고만 할 수 있나.

가 을

창문을 닫는 계절
푸르던 산허리는 서늘해지고
산비둘기마저 구구대지 않는다
강처럼 흐른 시간 속에
일들이 머물다 떠나간다
이 순간도 떠나가고 있다.
해맑은 웃음도
나아지려는 몸부림도
사자(使者)에게 어깨를 붙들린 어머니도
시간 속에 묻힌다.
무엇을 거머쥐고
무엇을 날려버려야 하는지 허둥대며

별 생각없이 움직였다고 운명이 없는 것은 아니듯이
마음에도 없는 말을 뱉고
악의를 눈으로 쏜는다.

무에,
세상을 경쾌하게 보는 것을 습관화하라
가을이 봄 같고
봄은 그치지 않으리니.

과연?

시골역의 그녀

미서부 워싱턴 주 외진 시골마을, 작은 기차역.

기차표 판매소만 덩그러니 있는 철길에 건조하고 청명한 봄볕은 진력을 다해 내리꽂힌다. 간간이 자갈 밟히는 소리만 있을 뿐 나른하도록 고요하다.

기차를 기다리는 사람은 우리와 두 사람, 미국인으로 보이는 청년과 그의 파트너인 동양인 여자가 전부다. 모습은 초췌하고 검은 긴 머리카락은 차라리 이국적이다.

그들은 조금쯤 맥이 빠져 있고 오래 산 부부처럼 말이 없다.

우리가 이야기를 두런두런하자 여자는 놀라는 듯 슬그머니 청년에게서 멀어지며 멀찍이 다가선다. 한국말을 알아듣는 눈치다. 여자가 한국사람이구나, 싶다. 말을 이해하는 사람만이 보일 수 있는 눈빛이다. 공감. 여자는 경계와 관심을 함께 보인다. 자신의 존재를 감추려는 것과 원천적인 그리움이 공존하는 몸짓이다. 의외의 곳에서 마주친 익숙함의 문턱에 발을 걸치고 다가서지도 멈추지도 못한다. 흔들리는 망설임으로 오랜 망각의 장들을 들추는 기색이다. 눈길은 거두지 않고 거리를 유지하며 우리 주변을 서성인다. 피부처럼 자연스러운 모국어에 눈동자는 흔들리고 잊었던 깊은 어둠이 드리운다.

오후의 태양은 따갑게 내리쪼이고 시골역 자갈밭은 하얗게 사위는데 그녀는 고독하다. 속한 곳이 만족스러운 것 같지도 않고 굳이 속하려 애쓰는 것 같지도 않다.

그녀는 무슨 사연으로 이 낯선 고장에서 넉넉하지도 살갑지도 않은 남자와 같이 있기로 마음먹은 것일까. 왜 건조하고 생소한 곳에 닻을 내리려 했던 걸까.

나은 삶을 원했음에도 불구하고 고향에서나 타향에서나 생활이 녹록치 않은 것일까. 돌아가고파도 명분과 반길 이가 없는 것일까. 너무 멀리 와 버려 이제는 되돌리기에 너무 늦은 것일까.

치익-! 작은 기차는 역으로 들어서고 울 것 같은 그녀와 헤어진다.

11월에의 길목

가슴 구석구석 서늘한 기운이 스쳐 지나며
회한도
그리움도
아쉬움도
걸러지지 않는 계절

지나치듯
귀엣말하는 떠날 연인처럼 속삭이지만
뒤돌아보면 벌써 늦은 시간

아리아 '네, 제 이름은 미미입니다'가 스민
해질 녘 책상 위를 밝히는 불빛처럼

온몸을 휘젓는 때

어두워지는 창문을 지켜보며
오도카니 엄마를 기다리는 아이의 눈망울처럼
가벼운 경련이 인다.

귀뚜라미

어둔 숲 속의 귀뚜라미
내가 지나니
뚝!
울음을 그친다.
왜 그대는 맘 편히 울지 못하나.

반가운 것들

엄마의 밝은 목소리
우연히 길거리에서 마주치는 내 식구
비 오기 전에 부는 바람
들르는 아들
아직 겨울인데 꽃대가 올라오는 군자란
피곤한 귀갓길에 만나는 내 집 언저리
아침의 신문

짧게 왔다가 금세 가버리지만 억지로라도 꼬깃꼬깃 뇌에 갈무리해 두었다가 적적할 때 꺼내 맛을 본다. 다시는 못 볼 맛일 수도 있고 아닐 수도 있고. 왔으면 가기 마련, 갔으면 올 수도 있으니 그리움처럼 겨드랑이에 끼고 스적스적 지낸다. 이렇게

해서 반갑고 저렇게 해도 반가우니 기다리면 오기도 하고 물론 아니기도 하지. 꼭 만나리라 작정을 하면 반가운 것이 아니라 숙제가 되어 기쁨이 줄어드니 마음은 비우고 그저 그런 것들이 곁에 오거든 반가워하면 그만. 알싸한 그리움도 간직해야할 알갱이.

손톱의 길이

귀 속이 가려워 새끼손가락으로 후비곤 한다.
손톱이 길면
작업에 유리할 것 같아
꺾어질 때까지 기른다.
처음에는
잘 되는 것 같더니
귀 속에 상처가 나고
생각보다 소득이 적다.
길어진 손톱이 부러지기에
애석하지만 자른다.
그런데…
지나치게 길었던 때보다 시원스레 파진다.

길다고만

강하다고만

소정의 목표를 효율적으로 처리할 수 있는 것은 아닌가보다.

아침으로의 초대

아침 일찍, 남편과 아이가 아직 잠자리에 있는 시간, 일어나는 것이 단지 내 부지런함 때문만은 아니다. 의무감에서도 아니다.

일찍 일어나 하루의 시작을 유유자적 즐기기 위함이다.

누구의 간섭도 없이 입 꾹 다물고 할 일을 하는 게 편하다. 정치적 발언을 할 필요도 표정을 관리해야할 이유도 대접용 웃음을 지을 상황도 없다. 온전한 내 모습 그대로 내버려두는 순수의 시간이다. 입 냄새와 헝클어진 머리와 너절한 잠옷 그대로.

블라인드를 올리고 창문을 연다.

밤사이 화초들이 달라졌나 살피고 과일을 깎아 야쿠르트를 만들고 지난 밤 세척이 되어 아직 기계 속에 있는 그릇들을 찬장에 챙겨 넣는다. 흙을 털어 신문을 들이고 간지들은 추슬러 버리고 변기에 자리를 잡는다. 맹렬한 독서와 비우기를 동시에 수행한다.

정확한 시간에 변기에서 일어나 세수를 하고 로션을 바르므로 가족과의 응대상황에 진입할 준비를 한다. 이제부터는 정치적 발언과 표정관리와 대접용 웃음도 필요하다.

가족을 깨운다.

내 시간 속으로 그들이 진입하는 것을 허용한다는 뜻이다. 하루에의 초대.

어쩌다 남편이 나보다 먼저 일어나 거실을 서성이면, 내가 산수유를 건네며 잠을 깨울 때까지 그냥 잤으면… 싶다.

가족이 내 영역에 없는 듯 확실히 존재하고 그 속에서 평안을 맛보며 매일 생활 속으로 그들을 들이는 준비의 시간이 달콤하다. 그들이 있기에, 내가 초대할 가족이 있기에 아침은 '설렘'이다.

잠자리에 들면서 호젓한 내일의 아침을 또 기다린다.

아침 일찍 홀로 움직임은 내 기도이며 명상이다.

(2014년 '그림 속 아포리즘 수필')

행복은,

점(點).
선(線)이 아니다.
찰나(刹那).

찰나를 확장하고
가슴에 새길 수 있어야 조금쯤 행복이 유지된다.
되새김질, 자기최면이 처방이다.

늙은 연인

여태
내가 그를 보살피고
내가 그를 염려하고
내가 그를 보듬는 줄 알았더니
아니네
그도 나를 보살피고
그도 나를 염려하고
그도 나를 보듬네.

기껏
손을 맞잡고
침대에 누워도

잠이 들면
등을 돌리고 말지만

아네.
그렇게
믿네.

아이들 잃어버리기

매뉴얼 지상주의 사회와
무조건 반(反) 매뉴얼 사회
모범생일 수밖에 없는 사회와
원칙 지키는 것을 쪼다로 치부하는 사회
융통성에 대해 두려워하는 사회와
잔머리 수완이 삶의 지혜인 양 생각되는 사회

둘 다 아이들 잃어버리기는 매한가지

2011년 3월 11일 오후 2시경
동일본 대지진으로 일본 미야기 현 이시노마키 시 오카와 초등학생 84명, 대부분의 전교생은 교사의 지시에 따라 제방으로 피신, 전원 사망한다. 일본 정부의 사고검증위원회가 1년간 조사 끝에 일본식 매뉴얼 문화와 상명하복식 조직문화가 빚은 참사로 결론 내린다.

2014년 4월 16일 오전 8시경
대한민국 진도군 조도면 부근 해상에서 여객선 침몰, 304명이 사망 혹은 실종된 것으로 추정한다. 원칙 상실과 비정한 탐욕과 과도한 이기주의의 총체적 문제로 진단한다.

경직된 성실함과 과도한 융통성.
어떻게 해야 극단의 참사를 피할 수 있단 말인가.
고운 아이들만 아깝다.

나들이

어머니, 아쉽지만 이제는 돌아서세요. 밝은 미소를 띠우시면 더욱 좋고요.

삶의 주인으로 구십 평생 치열하게 사셨고 자손들 자기 앞가림 하도록 키우셨으니 당당하게 떠나세요. 당신 안 계셔도 그 정신 이어 받아 보시기에 흐뭇하도록 살게요. 나중에 만나면 떳떳하게 칭찬받고 싶습니다.

이별은 항상 아쉽지만 어쩌겠어요. 시작이 있으면 끝도 있기 마련인데요.

여러 좋지 않은 의학적 수치에도 불구하고 놀라운 정신력으로 외부에 반응하시는 것에 의사들은 놀랍니다. Y선생님이 내방했을 때 '축하합니다' 하고 글로 쓰신 것을 보지 못한 사람들은 믿지 않을 거에요. 어머니의 뇌는 연구감입니다. 이것만으로도 어머니 자신에 긍지를 가지셔도 되요.

오랜 시간 몸이 묶여 있는데도 정신은 그토록 맑으시니 못다 한 말씀, 보고픈 사람이 있으신가요. 후회되는 일이 많으신가요. 생애 최대의 강자를 만나 굴복해야하는 상황이 당황스러우신가요. 도와드릴 방법이 없어 답답합니다.

무슨 생각을 하고 계신가요. 지나간 시간들을 돌아보시나요. 아니면 그저 육신의 파도에 몸을 맡기고 잠 속에서 반신욕을 하고 계시나요. 그래도 들르면 알아보시고 손을 흔들어 주셔서 얼마나 위안이 되는지 모릅니다.

열심을 내는 것도 근사하지만 그것은 이 세상의 것이고요, 던져버리는 도도함을 보이시는 것도 매력적이지 않나요. 완전한 어둠의 커튼 뒤에 황홀한 평온이 있으려는지도 모르지요. 사시는 동안 화려했지만 널을 뛰던 혼란의 시간들을 정리할 수 있을지도 모르지요.

어머니, 나들이를 떠나세요. 평생 예쁘단 소리 들은 적이 없다고 하셨으니 오늘은 곱게 코티 분 바르고 입술도 살짝 붉게 하세요. 머리카락도 갈색으로 물들이고 허리를 펴세요. 불편했던 발걸음도 노인신발도 벗어버리세요. 꽃다운 처녀로 돌아가세요.

방학 중 나라(奈良)에서 돌아와 개성 집에 들어서시던 열아홉 살 그 모습은 어떠세요. 하얀 원피스에 빨간 뾰족구두, 하얀 모자 말이에요. 마을 사람들을 휘둥그레 놀라게 했던 그 차림이요. 장롱에서 제일 마음에 드는 옷을 챙겨 입으시고 그것에 잘 어울리는 목걸이를 하시면 좋겠네요.

마음도 몸도 가볍게 천사에게 손을 맡기세요. 수줍은 신부처럼요.

머지않은 때에 들를 테니 마중 나오세요. 반갑게 맞아 주세요.

멀찍이 보기

모기장 창에 코를 대고 밖을 보라.
세상이 탁하게 조각조각 잘라져 보인다.

멀리 떨어져 다시 창밖을 내다보라.
종횡으로 갈가리 갈라졌던 풍경이 온전하게 보인다.

이제는 축배를 들고 싶다

잔 속에 무엇이 담겼는지
생각할 여유도 없고 형편도 아니다
혀에서는 달큰하고 목구멍에서는 알싸하다
시간이 지나며
위장을 뒤틀고 뇌를 어지럽힌다
술주정을 않는데도
미움을 받고 억울한 소리를 들어
눈물과 함께 마신다
성배는 아니어도 독배는 아니었으면 좋겠는데
눈물을 마셔서인지
심장까지 요동친다
잔은 내려놓을 수 없으니

항간에서 말하는 긍정의 약제도 함께 먹는다
진정 원하는 것을 알고
그것이 극단적인 것 또한 알기에
끊임없이 최면의 흥을 돋운다
성실이라든가 치열함이라든가 공의로움이라든가 공정이라든가
이런 단어들을 책에서 건져내
옆구리에 끼고 살려는 어리석음은
독을 더욱 진하게 할 뿐 보탬이 되지 않는다
헤퍼도 실실 웃음을 흘리며
폭탄주도 소주도 고량주도 위스키도 보드카도 넘겨야 하는데
알코홀 분해도가 낮아 얼굴이 붉어질 뿐이다
바람직한 것이야
배 속에서부터 솟아오르는
태생의 축배를 드는 것이지만
허락받은 바 없다
멈출 수 있을 때까지 마실 뿐이다

사랑이란 말

사랑이란 말이 넘쳐나는 때
사랑이 길을 잃고 허둥댄다

고객님도 사랑하고
초콜릿도 사랑하고
네일아트도 사랑한다는데

사랑이 그렇게 흔한 것이었나
사랑이 그렇게 가벼운 것이었나

그러기에
아들에게 사랑한다고 말하기를 주저한다

정 체

머리카락에 서리가 내린 여자는 선글라스를 쓰고 있다. 쓸쓸한 입가가 단호하다. 팔자주름이 선명한 것을 보니 나이는 들었다.

외국인?

홍콩사람?

오랜만에 고국에 들른 재미 교포?

차림새가 그 나이의 한국 아주머니들과 조금 다르다. 그렇다고 명품을 입은 것은 아니고 살짝 붙는 스키니 진에 탱크 탑을 받쳐 입은 넉넉한 와이셔츠가 전부다. 얇은 실크 머플러를 둘러 악센트를 준 것이 조금 특별하달까. 모던한 풍의 옷차림에 맞는 팔찌며 짝짝이 귀고리며 목걸이가 여자를 다르게 보이게 하나. 가지고 있는 물건들에는 손을 탄 역사가 엿보인다.

손가락이 길다. 화려한 손을 보니 험한 일은 않고 산 듯싶다.

예전의 탤런트?

고급 요정 마담?

현역 술집 여주인?

자리에 앉더니 주섬주섬 가방에서 종이뭉치를 꺼낸다.

보험설계사?

학습지교사?

기자?

컴퓨터로 인쇄된 원고들을 읽고 펜으로 표시를 하고 고개를 갸우뚱거리고 멀리 보이는 한강을 쳐다보기도 한다.

슬퍼보이지는 않지만 깊은 고독을 아는 것 같다.

예술관련 직종 종사자?

출판사 편집장?

소설가?

아니면 손자 숙제 대신하기?

지하철을 타는 재미다.

답은 알 수 없지만

오가는 사람들을 관찰하고

유추해보는 재미가 쏠쏠하다.

우연히 다가왔을 뿐

눈 물

눈으로 흐르는 눈물
목구멍에서 터지는 눈물
가슴에 뭉치는 눈물

보이기 위한 눈물
속이기 위한 눈물
습관성 눈물

맛은 모두 짭짤한데 속내가 다르다

벨 벳

태어날 때 아기의 뇌는 흠 없는 벨벳*입니다. 감미롭도록 부드러운 섬모로 덮여 있습니다. 사람마다 조금씩 다른 질감의 벨벳이지만 대동소이 합니다.

아기는 시간이 흐르면서 먹고 마시고 웃고 울고 걷고 뛰고 다치고, 누군가와 교류하고 실망하고 보상받고 무시당하고 기뻐하고, 노래 부르고 공부하고 혹은 매 맞고 유기되고 공포스러워하고 위안 받습니다. 크고 작은 경험들이 점차 순정하던 벨벳에 넓고 좁은 수많은 길을 냅니다. 섬모가 누워 벨벳에는 점차 흔적이 생깁니다. 흔적은 옅기도 하고 깊기도 합니다. 지울 수 없는 것도 있고 회복시킬 수 있는 것도 있습니다. 비슷한 경험이 반복되면 발자국으로 다듬어진 산길처럼 흔적은 길들여집니다. 나이가 들수록 길은 다져지고 크고 작은 여러 갈랫길이 생깁니다.

넓고 좁은 길들은 점차 복잡해집니다. 다시는 섬모가 일어서기 어려운 길도 생기고 사이사이 작은 샛길이 나기도 합니다. 잊은 길도 생기고 자주 가는 길도 생깁니다. 섬모가 회복되는 길도 생기고 시간이 갈수록 바닥이 단단히 다져지는 길도 생깁니다.

벨벳은 한 번 섬모가 누우면 새것처럼 되돌리기가 어렵습니다. 아기의 뇌는 그렇게 길을 내고 습관처럼 그 길을 따라 생각하고 화내고 행동하고 처리하고 대응합니다. 그리고 '나'가 됩니다.

*벨벳velvet: 우단 또는 비로드(veludo)라고도 하며 거죽에 고운 털이 돋도록 짠 비단으로 촉감이 부드럽고 화려하다.

수양벚나무

꽃을 달고
폭넓은 실크스커트를 바람결에 살랑이며
요사를 떨다가
꽃비를 쏟고 나면
아들 잃은 엄마의 젖은 머리카락처럼
청승을 부린다

사랑이라 부를 수 있다면

사랑에 빠져
눈이 멀어서
결혼을 결정했던 것 같진 않다.
벼랑 끝에 내몰려 함께할 누군가가 숨처럼 절실할 때
마침
그가 우연히 다가왔을 뿐이다.

오른 어깻죽지부터 귀 위까지 당긴다는 남편의 호소에 의사가 뇌졸중 전조증상일 수 있다며 겁을 주었을 때 그 앞에서는 의연한 척 물러났지만 버스에 오르자 주체할 수 없이 눈물이 쏟아졌던 그 사건 이후 아, 이것이 사랑인가 싶다.

이제는
헤어질 시간이 멀지 않다는 생각만으로 가슴이 서늘하고
노년의 부부 사랑이야기에 눈시울이 붉어진다.
이것을 사랑이라 부를 수 있다면
사랑이다.

앨 범

기억의 용량에는 한계가 있어서 시간이 지나면 영상도 흐려지고 드문드문 지워지기도 하고 사건의 앞뒤도 헷갈린다.

방지책으로 사진을 찍어 기억들을 갈무리한다.

지금이 아니라 나중을 위해서.

먼 훗날 추억의 단초를 만들고 회상하는 즐거움을 얻기 위해서.

결혼식은 물론, 아이의 탄생부터 끊임없이 사진을 찍는다. 살기 위해 찍는지 찍기 위해 사는지 아리송하다. 즐기기 전에 찍기부터 한다.

아이들의 사진을 찍는 것은 그들을 위해서라기보다는 나 자신을 위해서다. 훌쩍 자란 아이를 다시 보고 키우며 행복했던 기쁨을 깨우려는 촉발장치다.

요즈음에는 사진들을 핸드폰에 컴퓨터에 디스켓에 간편하게 저장한다.

종이앨범은 버릴 수도 지닐 수도 없는, 이사할 때마다 만만치 않은 이사비용을 요구하는 애물단지가 되었다. 서재에 꽂혀 있다가 거실로 나왔다가 창고로 들어가 버린다. 혹은 사진만 떼어 상자에 담겨지는 수난도 겪는다.

그럼에도 내 양로원 입학 시 챙길 물건 0순위는 아들과 나눈 추억의 보고서, 앨범이다.

삼십년

그 세월 동안 무엇을 할 수 있을까.
갓 태어난 아기가 어른이 되어 자신의 아이를 낳을 수 있는 시간이고
건강하던 이가 노인이 되어 죽을 시간이고
일년생 삼나무 묘목이 6층까지 올라갈 수 있는 시간이다.

1984년 12월 2일 일요일 저녁, 시청 앞 호텔 식당에서 밥을 먹고 라운지에서 술을 마시고 그해 여름 서울의 물난리를 보며 세상을 다 쓸어버렸으면 싶었다는 말에서 슬픔을 읽고 포니로 집에 바래다주고 내일은 무슨 일이 있고 다음 날은 무슨 일이 있고… 하니 목요일 저녁 8시에 전화하겠다는 약속을 하는 그가 편안하고 처음 만난 여자의 무릎에 대고 자신의 연락처를 적으

려던 실수에 기절할 듯이 놀라는 그가 귀엽게 보이며, 삼십년이 시작된다.

비슷한 부분이 없어 뜨악하고 헤어지려 몇 주 만나지 않기도 하고 그럼에도 결혼하고 사흘 만에 결혼반지를 잃어버리고 몹시 서운하고 소통하는 방법이 달라 서로 외롭고 평안한 것을 신이 질투할까봐 두려워하고 각자 도움을 청하지도 못할 만큼 데면데면하고 아이를 낳고 전혀 관계없는 사람이 끼어들어 언쟁도 하고 화가 나 할머니에게서 물려받은 백자를 밀쳐 깨고 더는 못 견디겠다 싶어 아이 데리고 도망 갈 궁리를 하지만 싫다는 아이 때문에 주저앉고 아이 햄버거 사 먹이는 것도 조심스러워할 만큼 옹색한 적도 있고 두 아버지를 여의고 IMF 때 아이 돌반지도 팔고 갱년기도 보내고 앓기도 하고 수술도 하고 일을 줄이고 두 어머니는 호되게 앓고 절친 하나는 죽고 주택에서도 살고 주상복합 아파트에서도 살고 남편의 아이들은 독립하고 결혼시키고 사돈이 생기고 흰머리도 생기고 환갑기념 여행도 하고 내 아이는 공부를 떠나고, 집에 둘만 남는다.

서로에 대한 존중을 가볍게 여기지 않고 신의를 지키려 애쓰고 태도를 분명히 해 상대를 혼란스럽게 하지도 않고 고의적으로 속이지도 않고 소통하려 노력하고 서로 닮고 연민으로 보듬고 주어진 역할에 충실하며, 시간을 보낸다.

결국, 저녁 먹으며 이런저런 이야기가 즐거운, 걱정거리를 의논할 좋은 말벗을 얻는다.

고 독

고독은 창가에 턱을 고이고 혼자 있어 오지 않는다
이해받을 수 있는 누군가가 없음이다
조건 없이 끌어안아 주는 이, 없음이다
눈물 닦아줄 이, 없음이다
말없이 등 두드려줄 이, 없음이다
내 편이, 없음이다

결정하고 인내하고 책임지고 아파해야하는 모든 과정이 온전히 내 손 안에 있기 때문이다

노인의 침상

천장에 매달린 등은 꺼질 줄 모른다.
높은 C음의 맑은 종소리가 경고를 하고
푸르고 붉은 선들이
검은 화면에 숫자들과 함께 너울댄다.
조심스레 슬리퍼 끄는 소리
자동문이 열리고 닫히는 서늘한 소리
두런두런 나누는 조심스런 대화가 공중을 떠다닌다.
공기는 춥도 덥도 않고
창은 있으되 별의 양을 가늠할 수 없으니
이날이 그날인지
그날이 이날인지.

두 손은 침대 살에 묶여
호스들을 방어하고
정신은 맑다.
상념들이 오가지만
소리는 나오지 않고
간간이 잠이 쏟아진다.

흰 가운의 사자(使者)들은
먹인 것도 없이 피를 뽑고
소변의 양을 점검하고
항생제를 주입하고
엑스레이를 찍으며
분주하다.

내 공간으로 돌아가자
자신을 달래지만
손가락 하나 까딱하기 어렵고
나의 왕국은 다가설 기미가 없다.

시간 맞춰 얼굴 보이는 자식들이

터널 속
먼~~
한 점의 빛 같지만
그것도 턱을 넘지는 못한다.
힘내세요!
입을 모으는데
공허한 외침이다.

아무도 도울 수 없는
이 길에서
비로소
절대고독과 조우(遭遇)한다.

일관된 뼈

현미경을 들여대고
망원경을 내어밀고
요모조모 살펴도 찾을 수가 없네

사건들을 들추고
공간을 되짚어도
무궁무진한 답과
애매모호한 결론들 뿐

현자들의 각종 처방도 공허하고
절도
교회도

과학도
심리학도
역술도
칼춤을 추니…

삶의 일관성
그런 게 있기는 한 건가

가 시

선인장 가시가 찌른다고 미워하지 않는다.
의도적이지도 악의적이지도 않기 때문이다.
철부지 아이는 가시를 가지지 않는다.
가시 비슷한 것이 있다 해도 공격용이 아니라 방어용이다.
설혹 공격에 사용한다 해도 방향이 중구난방이니 기능발휘가 어렵다.
어른이 되면
남보다 잘 나서
남보다 못 나서
이런저런 이유로
가시를 키우고 입으로 뱉는다.

그래서

우린,
어느 길모퉁이에서
죽음이라 불리는 그 사내를 만나리라는
필연적 사실에
오금 저려하지만
그래서
겸손해지고
영근다.
혹은
그래서
망가지기도 한다.

답(答)

독자들은 친절한 작가를 선호하는 듯하다
음식을 씹어 아기의 입 속에 쏘옥~! 넣어주는
작품을 읽고 자신의 생각과 느낌의 흐름을 따라 자신만의 엑기스를 추출해 내는 수고를 하기보다는
이미 내놓인 답을 줍기 바란다.

간편하게 고속 지혜를 얻어 볼까 슬쩍 무임승차를 해 볼까 기웃거리지만 그 답이 자신의 것일 수 있을까.
영원히 응석받이 아기로 남는 것은 아닐까.
하나뿐인 자신의 삶에 꼭 맞는 맞춤 지식이 될 수 있을까.
자가발전형 인간이 될 수 있을까.

정수리에 내리 꽂히는 햇살을 이고 허리 굽혀 땅을 고르며 어깨에 얹힌 짐을 나르면서 얻는 게 답이다.

산비둘기

저 놈은 짝을 찾지 못했나
봄은 한참 지나고 여름도 턱을 넘었는데 아직도 꾸르르 대네
아마 너도 짝을 늦게 만나려는가 보다
괜찮다
언제 만나도 아름답기만 하면 되지
굼벵이도 다 사는 방법이 있으니까

이른 아침

전날의
환락과 숙취의 흔적을
비둘기가 쪼고 있다
통한의 카타르시스가
삼겹살과 소주뿐이란 말인가

질투 2

그녀A는 그녀B가 이유없이 싫다.

딱히 흠잡을 곳이 없어서 더욱 싫다.

말하는 것도 진솔해 보이고 생김새도 귀티가 나 보이는 것이 짜증난다.

기다리며 책을 읽는 꼴도 보기 싫다. 다른 환자들은 잡담이나 하고 멍청히 앉아 있는데 꽤 나이 들은 그녀B는 수준있는 책을 읽곤 한다.

별꼴이야! 싫다.

들어서는 그녀B를 보면 그녀A의 표정은 프로그램을 걸어놓은 컴퓨터처럼 즉각 싸늘모드를 작동시키고 괜스레 배알이 틀려 말을 아낀다. 최대한 감정을 싣지 않는다.

어느 날 그녀B가 자그마한 남자와 들어선다.

남편 같다. 조그마하고 볼품이 없다.

그녀A는 내심 쾌재를 올린다. 그러면 그렇지! 남편이 아킬레스건이구먼.

그녀B의 남편이 이름과 주민번호를 적어 건네자 화면에 직장명이 뜬다.

그녀A는 불같이 화가 난다.

아니, 저 년은 안 가진 게 없네!

그러나 그녀A는 그녀B의 반쪽 밖에 읽지 못한 거다.

그녀B에게 어떤 아픔이 숨겨 있는지 어찌 알겠는가.

목련 2

꽃잎이
바람도 없는데
눈앞에서 투둑-! 떨어진다
모양 그대로
색깔 그대로
시집가기 싫은 언니의 눈물처럼
그렇게
소리도 없이
너무나 고와 가여운 꽃잎은
다음 순간을 모르는지
청초한 모습 그대로
한 점의 상처도 없이 떨어진다

아 침

새 날이 밝았다

칙칙한 것들은 접어
눈물자국 남은 뺨에 묻고
태양에게 손바닥을 들어 보이며 맞자

망막에는 그림자가 선명하고
콧속 점막은 습기로 촉촉하지만
허리를 곧추세우고 일어서야지

목청은 갈라지게 버려두고
현기증과 머리를 맞대며
이별과 이별하자

산 자는 살아야지

친구여

집을 나서며
누군가를
우연히
전혀
예측하지 않았던
옛날의 누군가를
만나
차 한 잔 나누며
지난 시간들을
훑어보고 싶을 때가 있다.
문득.

무슨 소용이 있기에
무엇이 달라지겠기에
그리움 같은
기대인가
그저
시간을 도둑맞은 것 같아
망연해질 뿐일 텐데.

친구여
어디서라도
편안하시오
바람결에
사금파리 같은
조각소식일랑
들을 수 있으면
잊힐까.

단지
그대에 관해서라기보다
그대와 함께했던

시간에 대한
다른 가능성의 문이
아직 열려있던
그 시간에
실족했던
나에 대한
안타까움에서 이럽니다.

웃음 띤
아이의 눈매 같은
조각달이
보랏빛 하늘에
걸려있는 것을
마주보며
집으로 돌아오는 길
아무도 만나지 않았음을
허전해하고
또한
안도한다.

행복의 열쇠

한 쪽 주머니에는
'지금'
다른 쪽에는
'여기'라는
작은 열쇠를 넣고 다니다가
음침한 사건을 만날 때마다
수시로 꺼내
이리 맞춰보고
저리 돌려보고
자기최면을 걸며
다독인다
어쩌다

찰칵! 소리를 내면 행운이다.

뭐라해도 시원스레 한 방에 해결되는 마스터 키는 없는 모양이다.

되이사

꿈을 꾸었나.

봄 여름 가을 겨울을 모두 겪으며
사는 맛을 즐겼는데
새소리와 풀들의 나고 자람과 나뭇가지의 스-스- 휘파람소리를 듣고 눈세상에서 백색의 아름다움에 취하고 또한 미끄러질까 두려워 벌벌 떨기도 했는데
내 집으로 돌아오니
긴 여행을 다녀온 듯
가물거린다.
그곳을 떠나올 때는
가슴이 뭉클하며 코끝이 시리기까지 했는데

의리도 없이
주사 심한 아저씨마냥
기억의 필름이
뚝, 끊어진 듯
몽롱하다.

익숙한 곳으로
되돌아오면
편하면
아름다운 추억들도 순식간에 잊히는가.

그래도
그 일 년 반의 미덕은 크다.
현관만 들어서면
공부 떠난 아들의 방 앞에 멍청히 서 있던
습관을 잊었으니.

한기정의 감성과 예지: 아포리즘과 시적 퓨전

박 양 근
(부경대 교수, 문학평론가)

한기정 작가의 수필미학

작가란 단순히 글을 쓰는 사람이 아니라 작가정신을 지닌 존재이다. 작가성은 어둠 속의 등불처럼 절망에서도 좌절하지 않고 문학을 시대와 생에 대한 반역으로 여기는 정신이다. 그렇게 하기 위하여 작가는 독창적인 형식과 창의적인 내용을 창조하려는 의지와 감수성을 끊임없이 작동시켜야 한다. 이 노력이 아방가르드적인 변신이다. 이것들은 결코 낯선 것이 아니라 원래부터 존재해온 문학의 고귀한 가치라 하겠다.

1910년대부터 시작된 아방가르드는 1980년에 다다라 포스트

모더니즘과 결합하면서 다채로운 방향을 제시하였다. 그중의 하나가 퓨전과 융합이다. 문학의 통섭은 대중성과 예술성을 조화시키면서 독자의 관심을 끌고 있다. 대중성이 대량생산되는 공산품과 같다면 예술성은 작가의 상상과 감각으로 이루어진 수제품이다. 그 점에서 현대작가는 자신의 경이로운 인식과 형식미를 독자에게 전달할 필요가 있다

한기정은 수필가이기 이전에 특수교육 분야에서 활동하고 미술에 관심을 기울였다. 오랜 사회활동과 그림을 그리는 생활을 통해 일상으로의 안주를 거부하고 쓰기 편한 글을 의식적으로 외면하게 되었다. 작가는 육체의 건강이 중요하다는 점을 강의하거나 이미지와 색채로 그림을 그릴 때면 보다 호소력을 지닌 수필형식이 필요하다는 고민을 할 수밖에 없었을 것이다. 제1수필집을 발간하고 제2수필집을 발간할 즈음 그녀는 사회적 매너리즘에 반항하고 적신호를 받은 건강에 반역하듯 수필집 『울 것 같은 그녀와』를 상재하였다. 시류에 저항하는 작가의 낯선 형식을 보면 바싹 마른 벽을 타고 오르는 담쟁이의 첫 잎이 저절로 떠오른다. "나도 그녀처럼 오를 수 있을까"를 생각하게 만드는 경이로움, 이것이 한기정 수필의 미학이라 하겠다.

한기정이 추구하는 전위적인 작품의 두 축은 아포리즘과 퓨전이다. 아포리즘이란 진리를 체화하고 압축한 형식의 글을 지칭

한다. 에세이보다 더 명료하게 인간의 덕목을 개성적인 표현으로 보여준다는 점에서 작가의 자율성을 높여준다. 시적 퓨전도 난삽한 수식을 거부한다. 불확실한 현대사회와 다양한 현대인을 묘사하는 데는 간결한 언어가 효과적이라고 여기는 작가는 작은 것을 뜻하는 미니(mini)와 다른 미니멀적인 표현 형식을 선호한다. 구체적으로는 도시적인 시각, 산문과 운문의 교차, 몸말의 상대적 우위, 구어체의 구사로 나타난다.

이렇듯이 한기정의 실험수필은 인간의 삶을 중시하는 양식을 따른다. 시적 구조와 산문정신의 조화를 분석함으로써 그녀의 문학을 분석하면 작가가 차지하고 있는 현대수필에서의 위상이 더욱 분명해질 것이다.

제1장. 생명과 사랑을 노래하기

한기정은 봄날을 매번 맞이하는 작가이다. 젊음을 의미하는 봄에 대한 시적 형식과 산문적 주제는 봄과 사랑을 함께 엮은 주제에서 나타난다. 봄과 사랑에 대한 욕망은 나이를 떠나 인생을 온몸으로 살려는 자만이 누릴 수 있는 특권이다. 미지근한 자는 생의 뜨거움과 쓸쓸함을 알기 힘들다. 봄을 찬미하는 한기정은 인간에게 사랑이란 무엇이며, 어떻게 사랑하며, 왜 사랑을 잃어버려서는 안 되는가를 알려주고 싶어 한다. 이 점은 한기정이 거쳐 온 특수교육분야에 대한 의식을 염두에 두면 봄과 사랑에 대한 그녀의 시선이 남다르다는 점을 쉽게 알 수 있다.

한기정의 「봄은 비바체로」 「봄비」 「아침」 등은 생명의 생기를 한껏 풍긴다. 봄 이외에 다른 계절을 깊게 다루지 않는 운문체 아포리즘도 "봄날은 갔다"가 아니라 '봄은 춤춘다'는 현재형으로 나타난다. 봄볕이 다가오면 한기정은 "재즈와 블루스와 스윙"을 즐긴다. 살아있는 것 자체가 아름다우므로 봄비를 맞이하기 위해 "빼꼼히 커튼을 들추는 여자"가 한기정이다.

> 드디어 볕은 두터워지고
> 사람들의 몸짓은 가벼워지고
> 가게 앞에는 자잘한 물건들이 나앉는 때가 온다.
> 미세먼지 주의보가 내려도
> 남산으로 명동으로 시청으로 산책을 나가고
> 재즈와 블루스와 스윙을 새롭게 들어야지.
> 젖가슴 밑 통증은 수시로 이 순간을 즐기라고 이르니
> 살아있는 것이 아름답기 시작
> 이러다 죽기 서러우면 어쩌나.
>
> -「봄은 비바체로」 일부

한기정에게 봄은 생명을 소생시켜주는 불꽃과 같다. T. S. 엘리

엇이 '잔인한 4월'이라고 말했을지라도 온전한 신체를 갖춘 자에게 4월은 생명이 피어나는 계절이다. 왜 움츠려야 하는가. "젖가슴 통증이 있을지라도" 산책을 나가고 봄의 음악도 들어야 한다고 말하는 작품속의 화자는 낙천주의자이다. 그녀는 봄을 자연이 아니라 도시 거리와 사람들에게서 찾는다. 도시 이미지로서 삶을 반영하는 그녀의 시선은 수필공학적인 측면에서도 실제적이고 현실적이다. 봄은 죽음의 시간을 유예하는 만큼 "아직까지 봄을 즐길 수 있다"는 의지력은 절망을 넘어 희망을 전해준다.

한 해의 시작이 봄이라면 하루의 시작은 아침이다. 작가는 아침에는 어제의 눈물과 슬픔은 잊으라고 말한다. 아침은 "허리를 곧추세워 일어서"는 때이고 "산 자는 살아야지"라고 약속하는 시간이라고 「아침」에서 다독인다. 극사실주의 형식을 취한 「아침」 풍경은 일반 시보다 짧은 시적 형식과 감각적인 감수성으로 짜여있다. 청춘들에게 봄과 아침을 맞이하라고 타이르는 그녀에게 젊음은 늙음의 반대말이 아니라 생놀이 그 자체이다. 이런 충고를 담은 아포리즘은 그녀 수필의 근간을 이룬다.

서둘러 걸으니
이마에 땀이 배고
숨이 가쁘다.
스키니 진 속에서 넓적다리 근육이 움직이고

셔츠 밑 젖가슴이 출렁인다.
아, 싱싱하게 살아있구나

-「아, 살아있구나」 전문

수필가에게서 이런 땀내를 맡고 몸말을 들을 수 있다니. 프랑스의 철학교수인 메를로 퐁티(Maurice Merleau Ponty)는 소통과 담론을 '살(la chair)'이라는 개념으로 설명한다. 퐁티는 몸(flesh)과 육(肉)은 거추장스러운 고깃덩어리가 아니라 소통의 매체로서 인간의 존재를 뚜렷이 해준다고 말한다. 한기정도 "서둘러 걸으면 이마에 땀이 배고 셔츠 밑 젖가슴이 출렁거린다"는 몸말로 생을 노래한다. 한기정의 몸말이 사람을 중심으로 하는 인문학적 공간과 여성의 생명주의를 고스란히 보여준다는 점에서 그녀의 아포리즘은 2012년에 발간된 첫 수필집 『어찌 지내십니까』에 대한 답이 「아, 살아있구나」에서 찬연하게 빛을 낸다고 하겠다.

그녀는 청춘기를 지나온 세대이다. 그러므로 오히려 작가는 머리말에서 밝히듯이 "고통은 고통대로 아름다움은 아름다움대로" 맞이할 수 있는 여유를 갖는다. 사랑이란 '절실한 삶에 몰려 있을 때 다가 오는 것'이므로 '사랑이라 부를 수 있다면' 놓치지 말아야 한다. 인간은 죽음이라는 절박한 순간에 다다라서야 삶이 무엇임을 자각하는 존재가 아닌가. 아무튼 한기정은 '이제는 (생의) 축배를 들고 싶다'고 말한다. 별 과오 없이 살아왔고 나름

대로 생에 충실하였다. 삶이란 성실, 공익, 율법과 같은 관념으로 재는 것이 아니라 눈물, 심장, 미움, 치열, 때로는 술주정과 같은 감수성으로 키워가는 것이라고 생각한다. 여기에 봄과 청춘의 시간을 가져야 한다는 잠언이 이루어진다. 한기정의 삶은 현학적이라기보다는 현실 중심적이다. 살아있음 그 자체가 아름답고 열심히 살아왔으므로 죽음이 언제 닥쳐와도 두렵지 않다. 그래서 그녀는 시적 산문을 펼치며 내일을 맞이하기 위해 "빼꼼히 커튼을 들춘다"고 적는다.

제2장. 젖가슴 밑 통증 껴안기

한기정의 작품 중 반을 지배하고 있는 이미지는 죽음과 병이다. 인간이 죽음의 그림자에서 벗어날 수 없듯이 작가도 예외가 아니다. 노쇠한 골격이 삐걱거리고 낭종 수술 부위가 종종 통증을 가져온다고 말한다. 작가가 노쇠의 허무와 죽음의 공포를 표현하는 방식은 전통수필가들의 방식과는 다르다.

주목되는 점은 작가의 죽음의식이 남다르다. 죽음 그 자체에 대한 인식이 아니라 그것을 투사시키는 기법이 생소하리만큼 실험적이라는 점이다. 작가는 타인의 죽음이나 병이 아니라 환자를 다루는 임상학자처럼 냉정하면서도 객관적으로 그려낸다. 인체 해부도를 보거나 병실 풍경을 그린 그림을 보여주는 것 같은 사실성이 돋보인다. 「일관된 뼈」와 「해골의 관절음」은 이러한 한기정의 기법을 대변하고 있다. 뼈만 남는 해골의 모습을 떠올려주는 「일관된 뼈」는 현대의학과 대중요법으로 치료할 수 없는 영육의 한계성을 환기시켜준다. "현자들의 각종 처방도, 절도, 교회도, 과학도, 심리학도, 역술"도 나의 죽음을 어찌하지 못하므로 "생이 한판의 춤사위라면 난 점점 마른 춤을 추는 듯 싶소"라는 탄식에 다다르면 아름다웠던 육신이 "불면과 불안과 식욕부진"에 시달리게 된 변신을 찾을 수 있다. 작가에게서가 아니라 나에게서 그 모습을 발견한다. 죽음과 질병을 읊는 그녀의 노래가 허무적인가. 아니다. 있음 그대로 보여주는 자연주의 기법이 오히려 달관의 미소를 이끌어낸다. 그 수필이 「난」이다.

죽은 듯 살아있는
난초는 고자인가
몇 년 째
꽃을 내지 못한다.

앓는 것을 알아야
사는
맛을 아는데
저 놈은

생각도 없이
추워도 흥~~~
더워도 흥~~~
도무지 열정을 모른다.

-「난」 전문

한기정은 "살아있는 꽃은 일어서야 한다"는 직립론을 내세운다. "사는 맛"은 자연스러운 생리현상이고 앓는 고통을 모르면 진정한 열정의 흥에 부응할 수 없다. 이것을 꽃과 열매를 피우지 못하는 꽃은 '고자'와 다를 바 없다고 상징으로 내친다. 발칙하리만큼 관능적인 비유가 전통수필에서와 달리 시적 충격과 여운을 남겨준다. 위 수필이 '죽어라'가 아니라 '죽음을 거부하는 열정의 꽃을 피워라'는 격려의 울림으로 들리는 이유는 생명을 품격 있는 난에 성공적으로 대입한 데 있다. "노세 노세 젊어서 놀아"라는 질박한 판소리 가락보다 「초원의 빛」의 한 구절 "꽃의 영광이여!/ … 차라리 차라리 그 속 깊이 간직한 오묘한 힘을 찾으소서"와 같은 영적인 힘이 느껴진다.

작가는 몸의 조건을 '아말라제 수치'와 '노인의 침상'으로 현실화한다. 육신을 감성지수가 아니라 의학 수치로 측정하는 것이 삶의 한계라는 점을 수술 이력을 가진 한기정은 누구보다 절감한다. 나아가 20여 년 동안 장애아에 대한 분야에 종사하면서 자연스럽게 건강의 본질에 관심을 가지고 병실을 소생보다는 죽음의 대기소로 바라보게 된다.

6연(聯)으로 이루어진 「노인의 침상」은 병상 다이어리이자 스케치이다. 병실 풍경, 환자의 모습, 의료진의 진료, 환자의 무력감, 가족들의 짧은 면회로 이루어지는 6개의 삽화는 '홀로 죽음맞이'라는 주제를 부각시킨다. 톰 슐만이 『죽은 시인의 사회』에서 "모두가 병들었는데 아무도 아프지 않은 척한다"고 토로했다면 한기정은 "아무도 도울 수 없는/ 이 길에서/ 비로소/ 절대고독과 조우(遭遇)한다(「노인의 침상」)고 말한다. 연형식의 이 수필은 질병과 죽음을 함께 할 동행자는 없다는 것을 강조함으로써 인간이란 절대 고독을 홀로 맞이해야 한다고 말하는 것이다.

수필 「호흡-기억」은 작가의 죽음관을 응축한 작품이다. 살아있는 한 숨을 쉬고 죽으면 남이 기억해주는 게 인간이다. 산 자는 "이산화탄소를 배출하고 말을 쏟아내고 타인의 삶을 두드린다." 죽으면 산 자가 "비통함과 그리움으로 죽은 자를 기억한다." 죽은 자를 기억하는 양상은 각양각색이다. 죽어도 "미화되고 회자되고 왜곡되고 부활되고 때로는 수모를 당한다." 삶과 죽음의 현실을 작가는 생물학적으로 사회적으로 그려낸다. 가수 최백호가 "차라리 겨울에 떠나라"고 했을지라도 죽음의 도래는 "때가 따로 없고 적절한 때가 없다"는 게 그녀의 지론이다.

> 바람이 휘파람을 불어도
> 태양이 E컵 여인처럼 의기양양해도
> 개운하게 눈을 뜬 아침에도
> 들뜬 여행 뒤에도
> 떠나려면 떠나는 거지
>
> -「이별의 때」 일부

한기정은 "떠나려면 떠나는 거지"라고 말한다. 그의 간결한 어조는 선승의 가르침처럼 들린다. 그녀는 작가로서 기계적인 시간을 초월하였으므로 "이별의 때를 모른다"는 맹목성이 오히려 내일의 삶에 희망을 준다고 여긴다. 그래서 그녀는 한 끼의 식사조차 "최후의 만찬처럼" 성스럽게 받아들인다. 결혼 30년이 되어 남편과 하루를 즐겼던 때를 서사적으로 담아낸 「최후의 만찬처럼」은 생이란 얼마나 경건한 것인가를 보여준다. 작품 속의 시적 화자는 매사를 "오케이!"로 응답한다. 특별한 날이므로 레스토랑에서 비싼 코스를 주문하고 와인을 마시고 택시를 타고 집으로 와 몸을 섞는 향연도 벌인다.

> 뽀뽀가 아닌 키스를 하고
> 침대놀이를 일 라운드 이 라운드 뛰고

깔깔거리고
깨벗고
팔베개를 하고 잠이 든다.
-「최후의 만찬처럼」 일부

작가는 일상을 "최후의 만찬처럼" 즐기라고 권한다. 이러한 음성을 듣지 못하면 한기정의 아포리즘 수필을 이해하기 힘들다. 하루하루를 축제처럼 보내면 훗날에 기억할만한 다이어리 한 줄이 남는다는 그녀의 생활방식은 모든 "지난 시간, 기질, 가족, 영감" 중에서 "어느 것 하나도 무의미한 것이 없다"는 고백과 일치한다. 다만 그녀의 삶과 죽음의 논리를 생물학적 해석으로 바꾸어 전파할 따름이다. 그래서 그녀의 아포리즘은 엄숙한 종교보다 더 이해하기 쉽고 귀족적 축제보다는 민중적인 카니발에 가깝다. 지성보다는 감성, 정신보다는 육체로 말하는 생의 찬미야말로 독자에게 위로와 위안을 전하려는 작가의식에 일치한다.

한기정이 말하는 병과 죽음은 비관적이지 않다. 그녀는 '사랑의 이름으로' 질병과 죽음조차 껴안는다. 나아가 생로병사를 껴안는 글을 쓰려면 새로운 문학 형식이 필요하다고 작가는 자각하였다. 그 결과 무의미한 설명과 묘사를 제거하고 간결하면서 인상 깊은 문자의 옷을 만들었다. 그것이 시적 퓨전 양식의 아포리즘 수필인 셈이다.

제3장. 존재함을 위한 노래

모든 생각은 '왜?'에서 시작한다. 데카르트가 일찍이 "나는 생각한다"고 말하였듯이 유의미한 생은 존재에 대한 부단한 의문과 질문을 바탕으로 한다. 생각이야말로 새로운 자아를 형성하는 정신적 자산이다. 한기정의 질문은 왜 아침에 일어나야 하는가라는 궁금증부터 왜 숨을 거두어야 하는가라는 고뇌까지 포함한다. 그녀는 알려진 답에 의존하는 방식에서 벗어나 사랑, 봄, 죽음, 질병, 소생 등에 대하여 "왜?"라는 아방가르드적 수필을 선택한다. 이유는 분명하다. 그녀는 자신의 존재를 독특하게 자각하고 싶기 때문이다.

왜 나는 여자인가.
왜 내 손은 곱상하지 않은가.
왜 나는 대한민국에서 태어났는가.
왜 내 아버지는 이건희가 아닌가.
왜 당신은 나를 사랑하지 않는가.
- 「왜?」 일부

출신과 신체에 관한 회의는 국적과 사랑까지 이어진다. 질문의 동기는 현실에 대한 욕구불만이 아니라 존재를 증명하고 싶은 욕망에 근거한다.

그것을 서사 형식으로 묶은 것이 「삼십년」이다. 여성에게 30년은 "아기가 자라 자신의 아이를 낳을 수 있는 시간"이며 "건강하던 이가 노인이 되어 죽을 시간"(「삼십년」 일부)이다. 한기정의 30년은 "1984년 12월 2일 일요일 저녁, 시청 앞 호텔 식당"에서 시작하여 "2015년 유난히 찬란한 봄 이수역 저잣거리"에서 일단 멈춘다. 그동안 그녀는 갖가지 인생의 경험을 의식처럼 맞이하면서 존중과 신의의 귀중함을 배웠다. 이제 그녀는 "저녁 먹으며 이런저런 이야기와 걱정거리를 의논할 좋은 말벗"이 가장 보람찬 보물이라고 결론을 내린다. 평범한 삶이 지닌 아름다움과 신성함 — 이것만큼 진솔한 가치가 어디 있을까. 이로써 그녀의 문학은 아포리즘의 결정체를 갖게 된다.

한기정의 삶에 아픔이 없는 것이 아니다. 엄마의 외로움을 다룬 「엄마가 외로운 것은」, 자신의 실수와 잘못을 고백한 「용서를 구하는 나에게」, 인간의 원초적인 외로움을 다룬 「고독」과 「나만의 피정」 등은 엄마도 전지전능하지 않고 외로움을 타는 하나의 존재임을 밝혀주는 연작형 실험수필들이다 "외롭다는 말에 자신을 가두기 때문이다"(「엄마가 외로운 것은」 일부)라고 밝힐 수 있는 것은 지금껏 엄마의 역할에 충실하였기 때문이다. 이제 엄마라는 직분에서 벗어나 인간 본연의 정체성을 실현하고 싶어 한다. 이것은 모든 인간이 "혼자" 다다르는 귀환의 시공이다.

고독은 창가에 턱을 고이고 혼자 있어 오지 않는다
이해받을 수 있는 누군가가 없음이다
조건 없이 끌어안아 주는 이, 없음이다
눈물 닦아줄 이, 없음이다
말없이 등 두드려줄 이, 없음이다
내 편이, 없음이다

결정하고 인내하고 책임지고 아파해야 하는 모든 과정이 온전히 내 손 안에 있기 때문이다

-「고독」 일부

고독에 관한 작가의 요약된 아포리즘은 '내 편이, 없음이다'로 나타난다. 간결하기 이를 데 없는 일곱 글자는 극도로 축약된 미니멀적 잠언을 연상시켜준다. 그 극한 상황에 부딪치면 우리가 할 수 있는 것은 아무 것도 없다. 오직 이겨내고 견뎌내는 것뿐이다. 기껏 '햇살 바른 담벼락에 기대 앉아/ 순간이 영원처럼 지속될 듯/ 멈춘 시간을 흘려보내는/ 그림(「나만의 피정」) 같은 정물이 되는 것이다. 그리고 수도승의 자세로 죄의 사함을 얻어야 한다.

젊음을 낭비한 죄
꿈을 꾸지 않은 죄
연민에 책임을 진 죄
실수를 인정하지 않은 죄
미련함을 순수로 착각한 죄

(한 문장 생략)그때 내 나이인 젊은이가 고백한다면 등을 다독이며 별 거 아니다, 풍성한 사람이 되려하는 게다, 너 자신을 나무라지 마라, 하겠지. 멀리 와버린 덕분인지 쇠약해진 육신의 탓인지 내 청춘의 시간과 화해를 위해 악수를 청하려 한다. 잊으라. 행여 누가 양심불량자라 손가락질 할까 두려워 어쩌지 못하는 기름기 없는 기억의 봇짐을 던져버리라. 지금, 이 시간을 즐길 날이 지난날보다 짧다. 지금, 이 순간을 즐긴다 해도 미안할 것 없다. 살다보면 뒤틀린 운명도 만나고 본의 아닌 해악질도 있는 법. 나름 최선을 했으니, 누군가를 고의적으로 해코지 한 적은 없으니 되었다.

-「용서를 구하는 나에게」 일부

수필은 기도이다. 조금도 자신을 속이지 않는 탄원의 발문이다. 「용서를 구하는 나에게」는 한기정이 추구하는 삶과 죽음, 속죄와 부활, 용서와 공존을 묶는 주제의식뿐만 아니라 시적 형식과 퓨전수필의 결속을 함께 보여주는 대표작이라 할 만하다. 1연은 5행으로 이루어진 고백시이며 2연은 한 단락의 산문 형식으로 이루어진 수상록이다. 시적 이미지와 산문의 인생론이 종교적 고백과 현실주의를 융합하고 있다. "고의적으로 누군가를 해코지한 적"이 없고 "이 시간을 즐길 날이 지난 날"보다 짧으므로 지난 시간을 되돌아보지만 작가는 죄의식에 눌려있지 않다.

한기정의 이야기를 마무리하는 출구가 나타난다. 그녀가 발견한 출구는 "그래도 즐기면서 살아야 한다"는 것이다. 자연물을 빌려오지 않고 인간사만으로 삶의 철학을 거론하기가 쉽지 않다. 그럼에도 작가는 봄과 사랑에서 시작하여 죽음의식을 거쳐 현실 긍정의 삶이라는 순환 구도로써 생의 윤회를 이루어내었다. 이리하여 시적 아포리즘이라는 작가의 실험수필이 더욱 돋보이게 된다.

작가를 위한 에필로그

한기정의 수필의 날줄씨줄은 앞서 살펴보았듯이 아포리즘과 시적 퓨전이다. 두 번째 상재한 수필집 『울 것 같은 그녀와』는 얼핏 살피면 감상주의적인 토운을 지니고 있는 것 같지만 낯설기 그지없는 형식과 주제를 지니고 있다는 점은 첫 작품 『봄은 비바체로』에서부터 확연하게 드러난다. 자칫 수필집이 아니라 초현실주의적 시집을 펼친 것은 아닌가하는 생각이 들기도 한다. 그러나 엄연히 아포리즘 수필집인 까닭은 시적 환상이나 소설적 허구가 아니라 체험과 사유로 인생론과 세계관을 펼쳤기 때문이다. 작가도 머리말 '스스로 기특함과 기대, 두려운 마음으로'에서 "즐기되 넘치지는 않으려는 나 자신"이 "누군가에게 공감되고 위안이 된다면" 하는 기대감으로 보여준다고 밝히고 있다.

낯선 실험성이라는 그녀의 수필시학은 "세상을 아름답게 하는" 데 있다. "천하잡놈"이 득실거리고 모두가 죽음의 아가리에 던져진다 할지라도 아름답게 보면 추한 것도 "더 없이 아름다워 보인다"는 게 그녀의 잠언이다. 이러한 인생론과 실험주의를 양축으로 한 그녀의 수필집을 대하면 마치 루이제 린저의 자전 소설과 미국의 여류시인 에밀리 디킨슨의 지적 시집을 동시에 대하는 느낌을 받는다. 더욱이 첫 수필집 『어찌 지내십니까』를 대면한 독자라면 두 번째 작가의 실험수필집은 자신의 다이어리이면서 "울 것 같은 그녀"라는 독자와 함께 여는 지혜의 "보석 상자"라는 생각도 갖는다.

한기정은 활달한 기질의 소유자이다. "아, 살아있구나"고 늘 외치고 인생 텃밭에서 두엄 냄새도 맡는 "서울내기 초짜 농부"이기도 하다. 상대에게 안부를 묻고 "행복은 자기최면의 처방"이라고 말을 건네고 헝클어진 세상에 던지는 소금의 역할을 한다.

"울 것 같은 그녀(3인칭 독자)와" 나눌 수 있는 게 무엇일까. 그 무엇은 단순하다. 사랑의 아픔과 죽음과 질병의 공포를 호소할 때 묵묵히 따뜻한 커피를 타 주는 것. 거창한 말로 훈수하기보다는 '아픈 나도 종종 젖가슴을 출렁거리며 달려'라고 격려해주는 것. 오페라 티켓이 아니라 "이게 내가 지내온 이야기야"라고 말하면서 다이어리를 꼭 쥐어주는 것. 무엇보다 자신의 고독과 고통을 가리고 일상의 행복을 경이롭게 속삭여주는 작가. 그래서 한기정은 겸허하면서 어른스럽다.